주식시장이
절대
**알려주지 않는
1%**의 진실

Copyright ⓒ 2007, 전규민
이 책은 한국경제신문 한경BP가 발행한 것으로
본사의 허락없이 이 책의 일부 또는
전체를 복사하거나 전재하는 행위를 금합니다.

주식시장이 절대 알려주지 않는 1%의 진실

한국경제신문

| 서문 |

내 생애 최고의 행운은, '나'를 발견한 것

도대체 투자란 무엇이란 말인가!
'수학 방정식일까?'
'그래프를 잘만 보면 되는 것일까?'
'아니면 내가 모르는 무언가가 있는 것일까?'
투자라는 것을 정의하기 위해 적지 않은 시간을 투자한 적이 있다. 그러나 머리 싸매고 한참을 고민해도 답을 찾을 수가 없었다. 아니, 오히려 찾으면 찾을수록 혼란스러움만 가중되었다.
'투자라는 게 무엇이기에 나를 이토록 괴롭히는 것일까?'
가면 갈수록 미궁 속으로 빠져들며 그렇게 하루하루를 정신적인 고통을 껴안은 채 몇 년이라는 세월을 허송하며 보냈다. 그러던 어느날 이날도 어김없이 아침에 눈을 뜨기는 했으나 몇 년간 쌓여 있던 정신적인 피로감이 한꺼번에 올라오기 시작했다. 몇 초 뒤 머리가 깨질 것 같은 두통을 느끼며 왼쪽 코에서 뭔가 칙칙하고 끈적한 것이 흘러내렸다. 거울을 보니 검은 코피가 한없이 쏟아져 내려오는 게 아닌가. 한 5분쯤 지났을까? 두 다리를 지탱하고 있던 근육에서 힘이 쭉 빠지며 풀썩 주저앉고야 말았지만 머리는 이상하리만큼 맑고 시원했다. 그리고 몇 분 뒤 눈에서 뭔가 '번쩍' 하고, 귀에서는 "윙" 하는 이상한 소리가 들리더니 그토록 심각하게 고민했던 투자에 대한 고민들이 순식간에 눈 녹듯이 풀려나갔다. 혹자들은 이런 현상을 '득도得道'라는 말로 표현하기도 한다.

몇 달 안 가 실제로 모든 게 잘 풀렸다. 거의 5년 동안이나 내리 잃기만 했던 내가 신기할 정도로 돈을 차츰 벌기 시작한 것이다.

내가 그토록 찾아다녔던 투자의 성공 요인이 무엇인지 짐작할 수 있겠는가?

진리가 너무 단순하다고 놀라지 마시라! 그 진리는 바로, '투자에 성공하기 위해서는 일단 내 자신에 대해서 잘 알아야 한다'는 것이다. 조금 과장하자면 이 책에서 말하고자 하는 것의 전부라 할 정도로 중요한 글귀이자 어려운 진리이기도 하다. 필자는 이 단순한 진리를 얻기 위해 무려 5년간이나 혹독할 정도로 정신적인 방황을 겪는 우를 범했다. 아니 좀더 솔직히 말하자면 이 위대한 진리를 이미 알고 있었지만, 너무 단순하다는 생각에 (그 진리를) 애써 외면했었다. 당신은 부디 그러지 마시기를 바란다. 이 위대한 진리는 4대성인이라고까지 불리는 소크라테스도 인정한 말이다.

옛 고대 그리스 시대에 유명한 말 중 '그노티 세아우톤Gnoti Seauton'이라는 명구가 있다. 이 말은 델포이 아폴로 신전 현관기둥에 쓰여 있던 글귀로 소크라테스에 의해 적절히 응용되면서 인류 역사상 최고의 명언이 되었다. 이미 대부분의 독자들은 이 글귀가 무엇을 의미하는지 눈치 챘을 것이다. 그렇다. 바로 소크라테스가 한 말 중에 가장 유명한 말이 된 "너의 무지함을 알라" 또는 "너 자신을 알라"라는 것이다.

우리는 자신에 대해 얼마나 정확히 알고 있을까? 이 점은 특히 투자를 하면서 더욱 확연히 드러난다.

"어떤 투자가 나에게 잘 맞는지도 모른 채 그냥 남들이 좋다고 하니까! 혹은 책 몇 권 보고 난 뒤 별 망설임도 없이! 이도 저도 아니면 그냥 아무렇게나 무턱대고!"

인정하기 싫겠지만 당신을 포함하여 이런 우를 범하는 사람이 홍수를 이루는 게 현실이다. '그노티세아우톤(너 자신을 알라)' 이라는 평범하고 단순한 진리를 절실히 깨닫지 못하는 한 당신은 영원히 대량 손실이라는 늪에서 절대로 벗어나지 못할 것이다. 나는 당신에게 이런 불상사가 없기를 간절히 바랄 따름이며 '주식시장이 절대 알려주지 않는 1%의 진실'이라는 (희곡형식을 가미한) 재테크 실용서를 읽음으로써 좀더 많은 사람들이 끝없는 손실의 늪에서 구제되었으면 하는 바이다.

2007. 10
전규민

투자수업이 탄생하게 된 계기

일반인들이 좀더 쉽게 재테크에 다가갈 수 있는 방법을 오랜 기간 연구하다가 스토리텔링 형식의 재테크서를 최초로 시도하게 되었고, 스치는 생각들을 한땀한땀 정리하다보니 이 책이 탄생하게 되었다. 지난 5년 동안 나는 이 한 권의 책을 위해 인생을 바쳤다.

만일, 이 글에 대한 성격을 정확히 정의 내리고자 한다면 희곡 형식을 가미한 '재테크 스토리텔링' 또는 '인픽션'이라고 해야만 할 것이다.

[인픽션이란, Investment fiction의 약칭이며 저자가 새롭게 고안해낸 희곡형 스토리텔링 기법이기도 하다.]

| 나오는 인물들 |

존 마이클 | 필명: 플라톤 | 극중 나이: 28살
　　주식투자로 단기간에 큰돈을 벌다, 얼마 안 가 전 재산을 탕진하고 15억 원의 빚을 지게 되면서 도망자 신세가 된다. 델포이 투자신탁 지점장의 소개로 소크라테스(필명)를 만나면서 인생의 극적인 전환점을 맞게 된다.

필명: 소크라테스 | 극중 나이: 78살
　　암암리에 활동하고 있는 거대 투자 세력인 소피스트 투자 클럽 초대 회장으로 투자의 최고 명인이라는 것 이외에 그에 대해 알려진 바가 없다. 소크라테스가 세상을 떠난 후 플라톤이 쓴 책은 불멸의 스테디셀러로 등극하며 (소크라테스라는 인물도) 세상에 널리 알려지게 된다.

필명: 안티스테네스 | 극중 나이: 47살
　　투자 학파: 기본적 분석 이론 학파
젊었을 때 선원이었던 그는 불의의 사고로 자기를 제외한 모든 선원이 죽자 인생에 대한 깊은 회의와 혼자 살아남았다는 죄책감에 시달리며 방황하던 중 소크라테스를 만나면서 인생의 새로운 길을 연다. 추후 소

크라테스의 제안에 따라 소피스트 투자 클럽의 차기 회장이 되는 인물.
— 플라톤(존 마이클, 주인공)의 첫 번째 현인

필명: 아리스티포스 | 극중 나이: 31살
투자 성향: 기술적 분석 학파

투자에 천부적인 재능을 보이며 20대 중반이라는 젊은 나이에 엄청난 돈을 벌지만 그로 인해 방탕한 생활과 노름을 일삼다가 한순간에 나락으로 떨어지는 수모를 겪는다. 그 후, 소크라테스를 우연히 만나 정회원이 되면서 자기 자신을 점차 알아가게 된다.

— 플라톤의 두 번째 현인

뉴욕 물고기 | 필명: 에우클리데스 | 극중 나이: 68살
투자성향: 외국인 매매 따라하기 달인

20대 중반이라는 젊은 나이에 참담하게 사업실패를 겪은 후 엄청난 빚에 허덕이다가 지인의 도움으로 미국으로 넘어가 온갖 고생 끝에 엄청난 규모의 부와 명예를 쌓아올린 입지전적인 인물이며 소크라테스를 제외한 소피스트 투자 클럽의 최고 연장자로서 소크라테스와 절친한 관계에 있는 인물이기도 하다.

— 플라톤의 세 번째 현인

잭 필드 | 필명: 파이돈 | 극중 나이: 28살
투자성향: 폭등주 따라잡기

알아주는 재벌가의 2세였지만, 아버지의 그늘에서 벗어나기 위해 독자적으로 컨소시엄을 형성, 부도 직전에 몰린 부실기업을 인수하여 단 2년 만에 적자투성이 기업을 정상화시키는 쾌거를 올린다. 이를 계기로 수많은 벤처기업을 거느리게 된다.

— 플라톤의 네 번째 현인

앤드류 제이콥 | 필명: 크세노폰 | 극중 나이: 28살
투자성향: 투자의 팔방 미인

부모 모두 펀드관련업종에 종사하다보니 자연히 어릴 때부터(11살) 투자에 관심을 가지기 시작하며 23살이라는 젊은 나이에 50억이라는 부를 형성한다. 그러나 과도한 욕심과 자만으로 인해 단 1년 만에 전 재산을 탕진하고 만다. 우연히 소피스트 투자클럽을 찾아가고 정식회원이 되면서 인생의 전환점을 맞지만 소크라테스는 무슨 이유에선지 그를 문하생으로 받아주지 않는다.

— 플라톤의 다섯 번째 현인

■ 필명: 아이스키네스 | 극중 나이: 37살
　　투자성향: 옵션 단타 매매 선두주자

한때 각종 모의 투자 대회를 석권하며 투자 천재로 명성을 떨치지만, 그로 인한 자만심으로 한순간에 전 재산을 잃고, 생활비를 벌어볼 요량으로 투자 강연가로 잠시 활동하다가 소크라테스의 눈에 띄어 급성장하게 된다.

— 플라톤의 여섯 번째 현인

주식시장이
절대
알려주지 않는
1%의 진실

contents

| 서문 | 내 생애 최고의 행운은, '나'를 발견한 것 5
| 나오는 인물들 | 10

전혀 새로운 탄생, 1막 1장 … 17

진실은 항상 내 안에 있다! … 23

돈을 부르는 비결 … 33

'투자'라는 위험한 바다 속으로! … 55

지점장의 조언 "수익보다는 생존을 먼저 생각하게" … 70

낯설지 않은 이와의 만남 … 82

공부하라, 공부하라, 공부하라 … 88

나침반은 단지 방향만을 알려줄 뿐이다 … 97

지혜의 첫걸음 … 118

성공으로 가는 또 하나의 씨앗 … 133

少少益善 … 165
아이스키네스의 〈Dialogues〉 … 190
〈Dialogues〉에서 발췌한 캔들 분석 BEST 10 … 208
깨달음, 그리고 다시 투자의 세계로 … 219
성공, 그리고 인생의 진정한 발견 … 233
어려울수록 희망의 끈을 놓치지 마라 … 264

| 에필로그 | VI. 그노티세아우톤의 탄생 비화 … 272
| 복습하기 | 현인들의 투자 지침 … 279

전혀 새로운 탄생, 1막 1장

사람 한 명이 겨우 팔 뻗고 자기도 힘든 비좁은 단칸방에 빈 맥주병이 나뒹굴고 알 수 없는 역한 악취가 온방을 휘감고 있다. 한쪽 구석에는 아무렇게나 널브러져 잠에 취해 있는 아니, 정확하게 얘기하자면 술에 취해 쓰러져 있는 한 청년(?)이 있다. 그는 몇 달 동안 씻지도 않은 모양인지 온몸과 입에서는 썩은 냄새가 진동한다.

"아, 투자를 왜 했을까? 하지 말았어야 했는데…, 내가 미쳤지. 그 좋은 회사까지 내팽개치고."

쉴새없이 중얼거리며, 양손으로 머리를 쥐어뜯는다. 그의 불행이 본격적으로 시작된 건 불과 몇 달 전의 일이었다.

최고 명문인 아테네 대학에서도 가장 어렵다는 경영학과 수석을 4년간 단 한 번도 놓쳐본 적이 없는 그는 졸업한 뒤 모두가 최고의 직장으로 꼽는 델포이투자신탁에 수많은 경쟁자들을 간단하게 제압하고 당당히 입사하며 본사로 발령된다. 그의 이름 앞에는 언제나 '아테네대학 4년 연속 수석' 이라는 수식어가 따라붙는다. 업무처리에 있어서도 성적이 전혀 부끄럽지 않을 만큼 뛰어난 능력을 보이며 금세 두각을 보인다. 얼마 뒤, 지점장 눈에 띄게 되면서부터 나이와 경력이 무색할 만큼 초고속으로 승진, 입사한 지 겨우 1년 만에 창사 이래 최연소 팀장이라는 지위까지 오르며 승승장구하게 된다. 하지만….

너무 빨리 승진한 탓일까? 주위에 그를 적대시하는 자가 많아지면서 점차 따돌림을 당하자 회사 진로에 대해 심각하게 고민하게 된다. 그러던 어느 날….

자기가 관리하고 있던 고객의 간절한 부탁으로 1억 원을 투자 일임 받고 그 후 단 3개월 만에 3억 원 이상을 불리면서 인생이 송두리째 뒤바뀔 토네이도가 시작된다. 이때부터 주식투자의 단맛을 안 그는 일단 시험 삼아 소액으로 투자를 해본다. 불행인지 행운인지 이번에도 3개월 만에 850%라는 그야말로 경이적인 수익률을 올리며, 수억 원의 돈을 단숨에 거머쥐게 되자, 회사를 다니며 버는 돈이 하찮게 느껴진다. 결국 그는 회사를 그만두고 전업투자가로 나서며 점점 대담해진다.

　전에 알고 지내던 지인 및 친구 돈까지 감언이설로 끌어와 투자를 해대기 시작한다. 하지만 이상하게도 그때부터 장이 갑자기 빠지며 대부분의 주식이 점차 큰 폭으로 하락하다가 폭락 양세를 띠게 되지만.

　그의 눈은 이미 뭐가 씌워도 단단히 씌워진 상태인지라 더욱 더 많은 돈을 끌어다 투자를 한다. 그러나 반등은커녕 밑바닥으로 더욱 추락하며 손실이 눈덩이처럼 커지게 된다. 다급한 마음에 사채까지 끌어다 쓰며 투자를 지속시키다 급기야 빚이 기하급수적으로 늘어나자 더 이상 감당하지 못하고 결국엔 도망자 신세로 전락한다.

　그는 잠시 몇 달 전의 일을 담은 머릿속 필름을 꺼내보며 지그시 눈을 감는다. 이때 누군가가 방문을 두드린다. 벌겋게 충혈된 눈을 부릅뜬 채로 소스라치게 놀라며 얼른 자리에서 일어난다.

　'아! 사채업자들이 여기는 어떻게 알고…. 내가 여기에 있다는 건 우리 어머니밖에 모를 텐데, 그렇다면 그놈들이 우리 어머니를….'

　그는 재빨리 몸을 추스린 후 맥주병을 방바닥에 강하게 내리쳐 두 동강이를 낸다.

　'이런 제기랄! 하나밖에 없는 어머니를 어떻게 했단 말이지!

그래 이왕 죽을 거 같이 죽자!'

그러나 그의 예상과는 달리 문 밖에서 많이 듣던 목소리가 들려온다.

"존 팀장, 헤이! 존 마이클? 있으면 말 좀 해보시게."

그가 누구인지 금방 눈치 채고는 깨진 맥주병을 슬며시 내려놓은 뒤 방문을 연다.

"자네, 여기 있었구만!"

델포이 투자 신탁의 지점장이었다.

존은 의아해 하며,

"지… 지점장님. 여기는 어떻게 알고 찾아 오셨습니까?"

지점장은 존의 지저분한 모습을 보고 안됐다는 듯 혀를 차며,

"몇 주일 전에 자네 소식을 듣고 잠을 잘 수가 있어야지. 한동안 뜬눈으로 지내다가 자네가 홀어머니를 모시고 산다는 게 갑자기 생각이 나더군. 그래서 자네 모친을 찾아가 물었지. 처음엔 모른다고 잡아떼시다가 끈질기게 설득하니까 어디 있는지 가르쳐 주더군."

지점장은 더 이상 참지 못하겠는지 인상을 찡그리며 방문을 활짝 열어젖힌다.

"자네 씻은 지 얼마나 되었나? 아주 썩은 내가 진동을 하는구만! 그럴수록 더 힘을 내고 살아볼 생각을 해야지! 젊은 사람이

이렇게 넋 놓고 지내서야 되겠는가?"

 존은 북받쳤던 설움이 갑자기 밀려오며 닭똥 같은 눈물을 흘리다 손으로 갑자기 입을 틀어막는다. 이후, 깜짝 놀랄 만한 재빠른 몸동작을 선보이며 검은 봉지를 찾아 꺼내더니 뱃속의 이물질을 토해내기 시작한다. 지점장은 그의 등을 '툭, 툭' 쳐주다 한심하다는 듯 고개를 '절래절래' 흔들며 말한다.

 "아주 대낮부터 술을 처마시니 별 쇼를 다 보게 되는구만. 그건 그렇고 자네를 직접 찾아온 이유는 나와 친분이 두터운 지인을 소개시켜 주기 위해서야!"

 존은 무안한 기색을 애써 감추며 지푸라기라도 잡는 심정으로 귀를 기울인다.

 "나도 자네처럼 어려웠던 젊은 시절이 있었지. 그때 삶을 포기하고 싶을 정도로 절망적인 상태였어! 그러다 우연히 절친한 선배의 소개로 그분을 찾아가게 되면서 새로운 인생을 향한 계기를 마련하게 되었지!"

 그는 양손을 불끈 쥐며 목소리가 점점 커진다.

 "그때 난 결심했네. 언젠가는 반드시 성공해서 어려운 곤경에 처해 있는 자가 내 앞에 나타나게 된다면 반드시 어떤 식으로든 희망을 주겠노라고!"

 지점장은 입가에 미소를 지으며 존을 바라본다.

"그래서 은근슬쩍 자네 얘기를 그분한테 했더니만 굉장한 흥미를 느끼시더니 자네를 잠시 보자고 하더군."

그는 존에게 작은 종이를 건네준다.

"이건 그분이 일하는 사무실 약도와 주소일세! 찾아가 내 이름을 대면 반갑게 맞아줄 걸세. 그리고 한 가지 명심해야 될 건, 절대 그분의 이름은 묻지 말라는 점이네. 실례가 되는 일이니까 말이야! 소크라테스라는 필명을 쓰고 있으니 그냥 소크라테스 선생님이라고 부르면 될 걸세."

그는 존을 뚫어지게 쳐다보며 한 생각에 잠기더니 천천히 입을 뗀다.

"거물을 만나는데 이런 꼴로 갈 수는 없지 않겠나!"

지점장은 은근슬쩍 흰 봉투를 건넨다. 존이 '자존심'이라는 벼랑 끝에 매달려 그것만은 끝까지 받지 않으려 하자 그는 억지로 주머니에 꾸겨 넣어준다.

"자네가 입고 있는 이 구질구질한 옷은 버리고 새로 옷도 사 입고 목욕도 깨끗이 한 뒤에 그분을 만나도록 하게!"

진실은 항상 내 안에 있다!

존은 연신 약도를 들여다보며 길 가는 사람들에게 물어도 보고 열심히 길도 찾아보지만 벌써 몇 시간째 지나왔던 길만 계속해서 맴돌 뿐 그토록 바라던 건물은 보이지 않는다. 드디어 인내심에 한계를 느낀 그는 길바닥에 있는 애꿎은 돌멩이를 신경질적으로 걷어차며 혼잣말을 중얼거린다.

"도대체 어디 있는 거야? 에잇, 나도 모르겠다!"

가는 길을 포기하고 발길을 돌리려는 순간 그의 머릿속에 지점장의 얼굴이 어렴풋이 떠오른다.

'아니지. 내가 숨어 지내는 곳까지 직접 찾아오셔서 소개시켜 주신 분이신데 아무리 시간이 걸리더라도 찾아가 뵙는 게 도리

겠지.'

　이런 저런 생각을 하며 정처 없이 걷다가 사람 한 명이 겨우 드나들 수 있는 비좁은 골목길을 우연치 않게 발견한다.

　'그래. 이제 안 가본 길은 여기밖에 없어! 일단 한번 가보기라도 하자!'

　비좁은 통로를 겨우 빠져나가자 설상가상으로 여러 갈래로 길이 나뉘어져 있는 한복판에 서게 된다. 그는 절망감을 감추지 못한 채 한동안 배회하다가 마음을 겨우 고쳐 잡고는 천천히 앞으로 나아가기 시작한다.

　땅거미가 거리를 배회하며 어둠이 내려앉을 무렵, 언제 쓰러질지 모를 만큼 낡은 2층짜리 건물을 발견하게 된다.

　'설마, 이런 곳에서 소크라테스라는 분이 일하고 있지는 않겠지!'

　약도를 펴 다시 확인을 해보았으나 이 건물이 확실했다. 그는 매우 의아해하며 건물 안으로 들어간다. 그러나 건물 안은 깔끔하고 고풍스럽게 인테리어 되어 있어 겉모습과 사뭇 대조를 이루었다. 약도에 주소가 적혀 있는 대로 2층으로 올라가며 주변에 아름답게 장식된 실내 구조물들을 천천히 구경한다. 2층 문 앞에 다다르자 벽에 걸려 있는 초상화가 유독 눈에 띈다. 그는 잠시 걸음을 멈추고 초상화를 한참 들여다본다. 초상화에는 앞이마가 시원하게 벗겨진 중년의 남성이 그려져 있는데 유난히 주먹코가 인상적이었다. 뭔가 끌리는 데가 있어 계속해서 살펴보다가 왼쪽 밑에 작은 글씨로 'gnothi seauton' 라는 글자를 발견한다.

'생전 못 보던 단어네! 이 단어의 뜻은 뭘까?'

그는 잠시 고개를 갸우뚱거리고는 아무렇지도 않다는 듯 문을 열고 들어간다.

들어가 보니 아담한 크기의 사무실 아니, 좀더 정확하게 얘기하자면 작은 궁전이라고 얘기하고 싶을 정도로 중세 르네상스풍으로 격조 있으면서도 상당히 호화스럽게 꾸며져 있다. 대리석으로 만들어진 안내 테이블에는 깔끔한 옷차림의 중년의 한 여성이 고운 목소리로 전화를 받고 있다. 몇 분 뒤, 전화를 끊은 그녀는 공손한 태도로 존에게 묻는다.

"실례지만 어떻게 오셨습니까?"

존은 공손히 대답한다.

"델포이 지점장님 소개로 왔습니다."

"예. 잠시만 기다리세요."

그렇게 말하고는 어디론가 사라진다. 잠시 뒤 모습을 드러낸 그녀는 '소피스트 투자 클럽 회장실' 이라고 써 있는 사무실 쪽으로 안내한 뒤 문을 세 번 살짝 두드린다.

"회장님. 그 분께서 오셨습니다."

"아! 그래요. 들어오라고 하세요."

그녀는 문을 조심스럽게 열며 존에게 들어가라는 손짓을 한다. 존은 긴장하며 조심스럽게 사무실 안으로 들어가 예의 바르게 인사를 한다.

"안녕하십니까. 델포이 지점장님 소개로 왔습니다."

무언가를 열중하고 있던 노인은 그의 목소리를 듣더니 하던 일을 금세 멈추고는 반갑게 맞아 준다.

"찾기 어려웠을 텐데 용케도 잘 찾아왔군. 자네가 존이라는 친구로구만! 익히 들어 알고 있었다네."

노인은 보기에도 고급스러워 보이는 호피무늬 소파로 존을 안내한다.

"찾아오느라 힘들었을 테니 일단 여기 앉아서 잠시 쉬도록 하게!"

"예! 감사합니다. 소크라테스 선생님."

존은 그의 환대에 송구스러워하며 조심스럽게 앉는다. 그는 턱에 가지런히 정렬된 윤기 나는 흰 수염을 어루만진 뒤 그를 쳐다보며 말한다.

"음, 그 친구한테 내 얘기를 들었나 보군. 내 필명을 아는 거 보면…"

소크라테스는 만족한다는 듯이 살짝 미소를 지은 뒤 어디론가

사라진다. 그리고 몇 분 뒤

"녹차, 홍차, 쌍화차가 있는데 무엇으로 하겠나? 참고로 커피는 없다네."

존은 아무 생각 없이 답한다.

"예. 선생님 드시는 걸로 하겠습니다."

"음, 그럼 요즘 내가 개발하고 있는 차를 마셔보지 않겠나?"

"네, 그렇게 하시지요."

곧이어, 쏴하게 코끝을 찌르며 역한 냄새가 나는 차를 내온다.

"한번 마셔 보게나."

냄새 못지않게 맛도 그다지 좋지 않았지만 직접 끓인 정성을 생각해 억지로 참고 마시다가 문뜩 차 이름이 궁금했는지 소크라테스에게 정중하게 묻는다.

"혹시 차 이름이…?"

천천히 차 맛을 음미하며 소크라테스는 눈을 감는다.

"진실과의 대화라는 차일세."

존은 눈을 동그랗게 뜨며 놀란다.

"예! 진실과의 대화?"

"어떤가? 맛이. 괜찮지 않나?"

차茶에 스며든 역하고 구린 맛에 차마 맛있다는 말은 하지 못하고 존은 꿀 먹은 벙어리가 된다.

소크라테스는 그의 반응을 전혀 신경 쓰지 않은 채 천천히 눈을 감고 차의 맛을 음미하며 입을 연다.

"나는 차茶와 많은 대화를 나누지. 차는 거짓말을 하지 않거든. 내가 그 차를 어떤 식으로 다루느냐에 따라 차라는 친구는 맛으로 솔직하게 답을 해준다네. 어떠한 속임수도 없이 말이야!"

소크라테스는 마시던 찻잔을 내려놓고 뭔가 생각이 났는지 존을 쳐다보며 진지한 어투로 묻는다.

"그건 그렇고 자네 인생 목적은 뭔가?"

존은 잠시 곰곰이 생각하다가 소크라테스를 바라본다.

"솔직히 얘기해도 되겠습니까?"

소크라테스는 웃으면서 말을 받는다.

"나는 차茶와 같이 진실된 사람을 좋아 한다네!"

존은 잠시 머뭇거리다가 이내 입을 연다.

"지금 저는 곤경에 처해 있습니다. 지금 있는 빚도 엄청나지요. 일단 이 빚을 빠른 시일 안에 모두 갚는 것이 제 첫 번째 목표이고, 그 다음에는 부자가 되는 것입니다."

소크라테스는 그에게 묻는다.

"부富라…. 바꿔 말하면 돈이 인생의 전부라는 뜻과 일치하는가?"

존은 아무 망설임도 없이,

"지금은 그렇습니다."

소크라테스는 여태껏 심각한 표정으로 대화를 나누다가 그 말을 듣자 실소를 금치 못한다.

"돈이라. 물론, 돈 역시 하나의 좋은 목표가 될 수 있지! 하지만 반드시 이것만은 기억해 두길 바라겠네. 긴 세월 동안 돈을 아무리 많이 벌어도 한번 잃기 시작하면 한도 끝도 없이 잃기 시작하다가 눈 깜짝할 사이에 사라지는 것도 돈이라는 물건일세. 만약 돈을 인생의 목적으로 삼는다면 언제라도 희망을 잃고 나락으로 떨어질 수 있다는 것을 뜻하기도 하지. 조금만 기다리고 참으면 될 것을 돈이라는 강한 사슬에 스스로를 옭아매고 묶여져 자기 자신을 버리게 되고 결국엔 귀중한 삶마저 쉽게 포기하는 엄청난 재앙이 일어나기도 한다네!"

소크라테스는 이미 식어 그 특유의 향과 맛을 잃어버린 차를 입에 적신 뒤 계속해서 말문을 연다.

"아무리 어렵고 힘들어도 돈이 인생의 목적이 되어서는 절대로 안 되네. 돈이 인생의 목적이 된다는 것은 자기도 모르는 사이에 돈의 노예가 된다는 것을 뜻하기도 하지!"

소크라테스는 강한 어조로,

"노예는 노예일 뿐이라는 사실을 잊지 말게. 노예는 절대 부자가 될 수 없네. 노예의 신분을 벗어나지 못하는 한 결국, 힘들게 한 평생을 살다가 죽게 된다 이 말일세."

말을 하느라 힘들었던 모양인지 소크라테스는 돋보기 안경을 접대용 테이블에 내려놓고는 살며시 눈을 감는다. 그리고 잠시 뒤 고개를 돌려 벽에 걸려 있는 시계를 쳐다본다.

"벌써 시간이 이렇게 되었구만. 오늘은 그만 얘기하도록 하세."

그는 접대 테이블 옆 왼쪽 모퉁이에 자그맣게 걸려있는 황금빛 엽서를 빼내 그에게 건네주며 말을 이어간다.

"그리고 이건 한 장의 작은 쪽지가 들어 있는 엽서일세. 쪽지 안에는 단순히 몇 개의 글자들로 이루어진 짤막한 단어가 적혀져 있지. 그 단어의 의미가 무엇인지 곰곰이 생각해 보시게나! 때론 작은 단어 하나가 삶을 송두리째 바꾸는 위대한 진리가 될 수 있으니까 말이야. 다음주 수요일 저녁 5시에 이 단어에 대한 자네의 모범 답안을 기다리고 있겠네."

존은 그 말을 듣자마자 내친 김에 엽서를 당장 뜯어보려 하지만 소크라테스는 그를 만류한다.

"너무 조급하게 굴지는 말게. 집에 가서 생각해도 늦지 않으니까 말이야. 그리고 이 말이 힌트를 푸는 데 결정적인 도움이 될 걸세."

소크라테스는 의미심장한 미소를 천천히 지으며 들릴 듯 말

듯한 목소리로 말한다.

"진실은 항상 내 안에 있다!"

소크라테스와의 대화

"내가 그 차茶를 어떻게 어떤 식으로 다루느냐에 따라
차茶라는 친구는 맛으로 솔직하게 그리고 정중하게 얘기를 해준다네.
어떠한 속임수도 없이 말이야!"

소크라테스가 말하는 투자 진리

차茶는 거짓말을 하지 않는다. 투자도 차茶의 성질과 같아서
자기가 어떻게 어떤 식으로 시장을 다루느냐에 따라
수익 또는 손실 발생으로 솔직하게 대답해줄 뿐이다.

돈을 부르는 비결

  허리를 굽혀 소크라테스에게 깍듯이 인사를 올리고 사무실 문을 나가면서도 그의 마음은 온통 엽서에만 관심이 쏠려 있다. 그의 말대로 '현재의 어려움을 한방에 구원해 줄 엄청난 비결이 이 안에 들어 있을 수 있겠다'는 생각이 얼핏 들자 존은 기대감에 잔뜩 부풀어 엽서를 만지작거린다. 당장 펴보고 싶은 마음이 굴뚝같았으나 소크라테스가 마지막으로 남긴 말이 자꾸만 걸려 한참 동안 망설이다 집에 가서 읽어보기로 결정을 내리고는 엽서에서 손을 뗀다.
  낮에는 땀을 흘리며 길을 찾느라 추위를 전혀 몰랐지만 해가 저물고 밤이 깊어지자 한겨울의 차가운 날씨가 목덜미를 파고들었다. 시간이 지나면 지날수록 급격하게 날씨가 추워지며 길바닥이 꽁꽁 얼어붙을 정도가 되자 존은 뼛속 깊은 추위를 느끼며 자연스레 걸음이 빨라진다.

얼마나 걸었을까? 때마침 집 앞까지 가는 버스가 승객을 태우느라 정류장에 잠시 정차해 있는 모습이 보인다. 존은 양손을 재빨리 주머니에 넣었다 뺐다 하며 잔돈이 있나 샅샅이 뒤져 보지만 '돈이 있을 리 없다'는 생각이 불현듯 스쳐지나가자 이내 어깨를 축 늘어뜨리며 허공을 응시한다.

온몸에 감각이 없을 만큼 참기 어려운 추위가 점차 밀려왔다. 절박한 심정에 버스 기사에게 그냥 태어달라고 애원이라도 하고 싶었지만 그의 강한 자존심이 이를 용납하지를 않았다. 더 이상 안 되겠는지 추위를 잊어볼 요량으로 젖 먹던 힘까지 다해 힘껏 내달리기 시작한다. 얼마나 뛰었을까? 어느새 집 앞까지 도착한 그는 기진맥진해 하며 허리를 숙인 채 숨을 가쁘게 몰아쉬다가 팔을 크게 벌려 숨을 길게 한번 내쉬고는 재빨리 집안으로 들어간다.

아직 몸에 추위가 남아 있어 살이 떨려오는 것을 느끼자 이불을 겹겹이 뒤집어쓰고는 주머니에 있는 엽서를 꺼낸다. 찢어질세라 조심하며 살짝 뜯어 펴보았으나 안에 있는 내용물을 보고는 크게 실망한다. 내용인 즉,

'그노티세아우톤 Gnothi Seauton'

이라는 아까 초상화에서 무심코 봤던 글자였다. 너무 기대가 컸던 탓일까! 존은 한참을 투덜거리더니 엽서를 집어 던지며, 그 돌팔이 같이 생긴 늙은이에게 다시는 가지 않겠노라고 굳게 다짐한다.

그리고 며칠 뒤, 소크라테스의 일을 까맣게 잊은 채로 다시 평상시의 생활로 돌아간다. 밤 늦게까지 술을 마시고 정오가 지나서 마지못해 일어난 그는 어제 먹은 술이 탈이 난 모양인지 배를 움켜잡고 밖으로 나간다. 언제 빨았는지도 모르는 누렇게 때탄 티셔츠 바람에 짧은 반바지를 입고 부스스한 머리를 한 채 슬리퍼를 질질 끌며 을씨년스러울 정도로 어두운 구석 화장실로 천천히 들어간다. 시원하게 일을 다보고 변기 물을 내리려던 찰나, 작은 환풍기 사이로 머리를 짧게 자른 검은색 양복을 입은 덩치 큰 장정 3명이 집으로 점점 다가오는 모습이 보인다. 그는 소스라치게 놀라며 방으로 뛰어 들어가 가방을 찾아 꺼낸 뒤에 옷가지를 허겁지겁 구겨 넣는다. 이때를 대비해 미리 창문의 쇠창살을 연장으로 뜯어놓았던 그는 쇠창살을 얼른 드러내고 창문을 통해 재빨리 도망친다.

몇 시간이나 방황했을까? 추운 날씨에 슬리퍼로 오랜 시간 정처 없이 걷다보니 발가락은 이미 꽁꽁 얼어붙었고 온몸에는 냉기가 흘렀다. 넋이 반이 나간 채로 힘들게 절뚝거리며 걷다가 길바닥에 버려진 신문지 몇 장을 주워들고 지하도 안으로 들어간다. 존은 잠시 신문을 뒤집어 쓴 채 추위를 피한다. 지나가던 사람들은 그를 비렁뱅이로 착각하여 주머니에서 동전을 꺼내더니 '툭' 던지고 지나간다. 참을 수 없는 치욕이 파도처럼 밀려왔지만 눈물을 머금고 참는다.

한참 동안 신문을 뒤집어 쓴 채 웅크리고 있다가 불현듯 지점장의 얼굴이 떠오르자 간신히 찬 바닥을 손으로 짚고 일어나더니 젖 먹던 힘을 다해 빠른 걸음을 옮기기 시작한다. 사람들은 누런 츄리닝에 반바지를 입은 그를 이상하게 쳐다보았지만 그에게는 그것마저 신경 쓸 여유가 없었다.

... 델포이 투자신탁 뒷문

그는 델포이 투자신탁 뒷문 옆에 있는 조그마한 간이 화장실에 재빨리 들어가 문을 잠그고 오들오들 사시나무 떨 듯이 떨며 손으로 온몸을 감싸 안은 채 영업시간이 끝나기만을 간절히 기다리고 있다.

시간이 얼마나 흘렀을까?

화장실 문 밖에서 시끌벅적한 소리가 들리기 시작한다. 존은 퇴근 시간이라는 것을 재빨리 눈치 채고 얼른 화장실에서 뛰쳐나와 아무도 보지 못하게 건물 뒷문에 숨어서 지점장이 나오기만을 잠자코 기다린다. 그리고 잠시 뒤.

지점장이 마지막으로 문을 열고 나가는 모습이 보이자 누가 볼 새라 슬며시 다가간다.

어떻게 된 사연인지 말 안 해도 충분히 알 수 있을 만큼 참담한 그의 몰골을 보고는 지점장은 순간 깜짝 놀라며 뒷걸음질을 치지만 이내 마음을 진정시킨 후 아무 말 없이 길 옆 작은 술집으로 존을 데리고 간다.

"아주머니! 제가 자주 먹는 베이컨이랑, 맥주 한 병 주세요."

아주머니의 듬직한 풍채답게 베이컨을 접시에 가득 담아 지점장에게 건넨다.

"얼른 먹게! 배고플 텐데."

"감사합니다. 지점장님."

체면치레할 것도 없이 존은 허겁지겁 베이컨을 들이키듯 뜯어먹다가 문득 자기 신세가 처량했는지 면발을 입에 머금은 채로 꾹꾹 눌러왔던 눈물샘을 터뜨린다. 지점장은 쓴 웃음을 지으며 존의 어깨를 손으로 감싼다.

"이 사람아, 젊을 때는 이런 어려움이 다 보약이 되는 거야. 남자가 그렇게 눈물이 많아서 어디에 쓰겠나."

지점장이 맥주를 권하자 존은 연신 맥주를 들이키며 고통스레 그 동안의 사정을 얘기한다. 지점장은 심각한 표정으로 고개를 끄덕이며,

"그래. 그동안 그런 일이 있었구만. 이야기를 듣고 보니 지금 자네한테 가장 필요한 건 먹고 잘 수 있는 집일 것 같네. 이왕 이렇게 만났으니 내가 괜찮은 집을 소개시켜 주지. 아주 어렸을 때 할머니와 잠시 살았던 곳이네. 당분간 거기라도 들어가서 살게나. 얼마나 으슥한 곳인지 누구도 얼씬거리지 않을 거네. 그리고 자네가 당장 먹고 살 약간의 생활비 정도는 대줄 수 있네. 다행히 주위에 땔감이 널려 있어 겨울을 따뜻하게 지낼 수도 있을 걸세!"

번번히 찾아와 폐를 끼친다는 생각에 존은 아무 말도 하지 못하고 고개를 푹 숙인 채 눈물만 간신히 참는다. 지점장은 그의 속내를 어느 정도 파악했는지 다짜고짜 자신의 고급 승용차가 있는 곳까지 끌고 간다.

"당장 급한 거 같으니까! 지금 데려다 주도록 하겠네!"

지점장이 앞좌석 문을 열고 들어가라는 손짓을 하자 존은 아무 말 없이 시키는 대로 앞좌석에 탄다. 그가 타는 것을 본 지점장은 승용차에 시동을 걸고 잠시 뒤 액셀러레이터를 밟는다. 시

내를 한참 빙 돌더니 국도로 빠지며 점점 속력을 내기 시작한다. 한 시간쯤 달렸을까? 국도 옆 작은 샛길로 방향을 바꾸고 헤드라이트를 강하게 켠 뒤 천천히 속력을 내며 점점 깊은 산골로 들어간다. 한참 동안 울퉁불퉁한 길을 지나가자 사람이 언제 살았는지도 모를 음침하고 적막한 폐허가 된 낡고 허름한 작은 양옥집이 보인다. 차를 멈춘 지점장은

"다 왔네!"

"어떤가? 괜찮지 않은가? 지금도 머리가 복잡할 때면 가끔씩 와서 머물다 가곤 하지. 먼지만 털어내면 들어가 살기에는 충분할 걸세."

"감… 감사합니다."

지점장은 존을 보며 빙긋 웃더니 흰 봉투를 존의 왼쪽 주머니에 찔러주며 말한다.

"봉투 안에 집 열쇠가 들어있네. 그럼 오늘은 이만 가볼 테니 그만 들어가 주무시게. 아참, 내일 먹을거리를 사서 다시 올 테니 마중 나오게나."

지점장이 차에 천천히 올라타는 모습을 보다가 존은 문득 엽서에 적힌 'gnothi seauton'이라는 문구가 떠오른다. 존은 얼른 차창을 두드린다.

"왜, 나한테 할 말이라도 있나?"

존은 쪽지를 보여주며,

"혹시, 이 단어의 뜻을 아십니까?"

"음. 글쎄. 어디서 많이 본 글자이기는 한데…."

지점장은 곰곰이 생각하다가 무언가 생각이 난 모양인지 눈이 번쩍인다.

"아! 이건 내가 처음 찾아갔을 때도 소크라테스 선생님께서 숙제로 낸 질문이었지."

"자네한테 이 문제에 대한 답을 알려준다면 소크라테스 선생님께 큰 실례를 범하는 것이 되니 자네가 직접 진리를 찾아보게나. 자네는 머리가 똑똑하니까 조금만 생각해 보면 쉽게 찾을 수 있을 거야!"

"혹시, 힌트라도…."

지점장은 웃으며 대꾸한다.

"진실은 항상 자기 안에 있다네."

지점장은 이 말만을 홀연히 남긴 채 차를 출발시킨다. 존은 아쉬워하며 멍하니 서 있다가 매서운 추위를 금세 느끼고는 재빨리 문을 열고 들어간다.

집 안은 바깥보다 더 어두컴컴해 아무 것도 보이지 않는 암흑 그 자체였다. 무의식적으로 벽을 짚어가며 전등 스위치를 찾아 눌러보았으나 역시 불은 들어오지 않았다. 그는 잠시 우두커니 있다가 왼쪽 호주머니에 1회용 라이터가 있는 것을 생각해 내고는 재빨리 꺼내 불을 켠다. 라이터를 켠 채로 방 안 구석구석을 살펴본다. 집은 생각보다 깔끔하게 정돈이 돼 있었다. 단지, 전기가 들어오지 않는다는 점과 물이 안 나온다는 점 빼고는 사람이 살기에 부족한 것은 없었다.

너무 힘들게 길거리를 배회했던 탓일까? 거실 쪽으로 다시 걸음을 옮기는 찰나 다리에 힘이 갑자기 '쭉' 풀리며 그 자리에 주저앉는다. 아무리 안간 힘을 써도 일어나기 힘들자 할 수 없이 기어서 거실 쪽에 있는 소파로 간다. 존은 소파에 누워 눈을 감고는 지점장과 소크라테스가 했던 말을 번갈아 되새겨본다. 그리고 자기도 모르게 스르르 잠에 빠져든다.

다음날 이른 새벽.
누군가가 문을 급하게 두드린다. 존은 그 소리에 소스라치게 놀라며 벌떡 자리에서 일어난다.
"누, 누구세요?"
"누구겠나?"
그의 목소리를 듣고 놀란 가슴을 쓸어내리며 황망히 문을 열어준다.
"좋은 아침입니다. 지점장님."

지점장은 대충 고개를 끄덕이고는 다급한 목소리로,

"이봐 존 마이클! 내가 오늘 지방 출장이 있어서 빨리 가봐야 되네."

지점장은 차 트렁크를 가리키며,

"저건 자네가 한 달간 먹을 음식과 기타 필요한 물품들일세. 어서 옮기게나."

"예! 알겠습니다."

그는 신속하게 짐을 모두 내려놓고는 감사의 말을 빼놓지 않는다.

"저 때문에 이렇게 고생하시는 것 같아 송구스러울 따름입니다."

지점장은 웃으며 말을 받는다.

"그건 상관할 거 없네. 나중에 자네가 성공하면 내가 고생한 10배 이상 만큼 더 받아 가면 되니까!"

"예. 당연히 그래야지요."

그렇게 말하고는 모처럼만에 웃음꽃이 활짝 핀다. 얼마 안 가 존은 갑자기 몸을 산만하게 긁적거리기 시작한다. 지점장은 놀라며 묻는다.

"자네 왜 그러는가?"

"저기. 제가 며칠 동안 씻지를 못했더니 온몸이 간지러워서 그렇습니다. 혹시, 물은 어디서 구할 수 있습니까?"

"아~, 물! 저기 뒷마당에 가보면 우물이 있을 걸세. 그 우물에서 퍼다 쓰면 되네. 전혀 오염이 안 된 천연 지하 암반수라 물맛도 아주 좋지. 나는 이십 년째 직접 길러 이 물만 쭉 마시고 있을 정도라네. 한번 마셔보게나."

존은 고개를 끄덕이며,

"예. 잘 알겠습니다."

지점장은 서둘러 차에 올라타며 그에게 묻는다.

"그나저나 소크라테스 선생님이 분명 자넬 다시 보자고 했을 텐데 그게 언제인가?"

"모레 수요일 5시입니다."

지점장은 뭔가를 잠시 생각하더니 입을 연다.

"여기는 너무 시내와 동떨어진 곳이라 자네 혼자는 밖에 나가기 어려울 테니, 그때는 내가 좀더 일찍 퇴근을 해야겠군. 그럼 모레 3시 정도에 오도록 하지. 이왕 오는 김에 소크라테스 선생님을 만나 봐야겠군. 그래. 그럼 내일 모레 다시 보도록 함세!"

존은 정중하게 인사를 올리며 말을 받는다.

"예! 지점장님. 살펴 가십쇼."

그는 짐꾸러미를 집 안으로 들여놓고는 어제 지점장이 힌트로 알려준 "진실은 항상 자기 안에 있다."라는 말에 대해 다시 한참을 곰곰이 생각해 보다가 뭔가를 눈치 챈 모양인지 의미심장한 미소를 지으며 고개를 끄덕인다.

... 수요일 PM 2:50

문밖에서 "빵빵" 하는 경적소리가 들려오자 존은 기다렸다는 듯 밖으로 뛰쳐나간다. 지점장은 운전석에서 손을 뻗어 조수석 문을 열며 그에게 말을 건넨다.
"음. 안색이 많이 좋아졌군."
존은 머리를 긁적이며,
"지점장님 덕분입니다."
"타시게. 지금 빨리 출발해야 약속시간에 도착할 수 있을 거야."

... PM 4:50. 소크라테스가 일하는 건물 정문

뒷주머니에서 손수건을 꺼낸 지점장은 이마에 송글송글 맺힌 땀을 닦으며 혼잣말을 중얼거린다.
"휴우, 겨우 다 왔네. 올 때마다 힘이 든다니까."
지점장은 존을 보며 당부하듯이,

"일단, 내가 먼저 문안 인사를 드리겠네. 그리고 나서 자네가 들어가도록 하시게!"

존은 알겠다는 듯 고개를 끄덕인다. 지점장은 문을 열고 들어간다. 그리고 얼마 후 건물 밖으로 유유히 지점장이 나오며 그에게 말을 건넨다.

"소크라테스 선생님께서 은근히 자네를 보고 싶어 하시는구만. 얼른 들어가 보시게나."

지점장은 손가락으로 멀리 고층 빌딩을 가리키며 말을 이어간다.

"시간이 오래 걸릴 것 같으니 저기 있는 저 건물 알지? 일전에 자네와 내가 1:1 입사 면접을 봤던 곳 말이야. 한 3시간 뒤에 저 건물 앞에서 기다리도록 하겠네!"

"예. 알겠습니다."

... 소크라테스의 사무실

소크라테스는 존을 반갑게 맞아준다.

"그동안 잘 있었나. 안 본 사이 안색이 많이 좋아진 것 같구만!"

"예. 모두 지점장님 덕분이죠."

소크라테스는 미소를 머금은 채로,

"내가 쪽지에 적어준 말이 무슨 뜻인지 생각은 해 보았는가?"

존은 자신 있게 답한다.

"예!"

"그래, 그럼 어서 얘기해보게."

마음을 가다듬은 후 존은 짤막하게 답한다.

"일단 자기 자신을 먼저 알아야만 남을 이길 수 있다는 말이 아닙니까?"

소크라테스는 고개를 절레절레 흔들며,

"음. 비슷하네만, 내가 말하고자 하는 취지와는 다르네. 조금만 더 생각해 보시게나!"

존은 곰곰이 자기가 생각하는 바를 얘기하지만 소크라테스는 연신 고개만 좌우로 흔들 뿐이다. 대답하는 데 지친 그는 힘없이 답한다.

"휴우~ 도저히 모르겠습니다."

소크라테스는 기쁜 낯으로 손뼉을 치며,

"그럴 줄 알았네. 그러면 내가 그 의미에 대해 말해주도록 하지."

그는 잠시 생각하는가 싶더니만 눈을 감고 천천히 말을 시작한다.

"그노티세아우톤이란, 자기 자신이 무지無知하다는 것을 인정해야만 진정한 깨달음을 얻을 수 있다는 것을 뜻하네. 자네 역시 배울 만큼 배웠고 알 만큼은 안다고 느끼겠지만 자네가 여태까지 배운 지식의 대부분은 이미 환경에 적응하지 못하고 과거의 유물留物로 도태되어진 빈 껍데기에 불과하다는 것이지. 즉, 현재의 자네는 아무 것도 알지 못한다는 것이네. 그렇기 때문에 항상 배우는 자세를 견지해야 하네. 지금은 반짝이고 번뜩이는 지혜나 지식이라 할지라도 언제든지 구시대적인 발상으로 도태될 수 있다는 사실을 잊지 마시게나!"

존이 내심 탐탁지 않은 표정을 짓자 소크라테스는 입가에 미소가 번지며 조용히 말을 이어간다.

"솔직히 자네는 겉으로는 인정해도 마음으로는 이 말을 인정 못할 걸세."

"이제부터 자네가 얼마나 무지한지 알려주도록 하겠네. 어디 한번 내 질문에 답해 보겠는가?"

지금은 비록 어려운 곤경에 처해 있지만 전에는 일류 대학에서 수석을 단 한번도 놓친 적이 없을 정도로 뛰어난 수재라 자부하고 있었던 그는 자신 있다는 듯 소크라테스를 힘 있게 쳐다보며 답한다.

"예. 얼마든지요!"

"자네 인생의 목적은 돈이라고 했지. 그렇다면 돈이 무엇을 의미하는지도 알겠구만! 자네는 돈을 무엇이라 생각하는가?"

존은 자신 있게 답한다.

"돈이란, 상품을 교환하는 데 매우 중요한 역할을 하며, 재산 축적의 대상으로 사용되며 자본국가에서는 없어서는 안 될 중요한 자원이죠."

소크라테스는 의아해 하며 반문한다.

"음. 내 말을 잘못 이해한 것 같구만. 교과서에 나와 있는 돈에 대한 정의를 듣고자 하는 것이 아니라네. 자네가 생각하는 돈에 대한 의미를 알고 싶다는 것이네. 한번 솔직하게 얘기해 보게나. 돈이란 무엇이라 보고 있는가?"

소크라테스가 되묻자 존은 자신의 생각을 강하게 피력한다.

"솔직히 제가 생각하는 돈은, 남부러울 것 없이 떵떵거리며 살 수 있고, 뭐든지 마음먹은 대로 다 할 수 있게 만들어 주는 매우 편리한 도구라 생각합니다."

소크라테스는 혀를 차며,

"쯧쯧. 아직도 정신을 못 차렸구만. 내가 보니 자네는 영원히 속박 받는 삶을 살 수밖에 없을 걸세."

존은 되묻는다.

"그게 무슨 말씀이죠?"

"자네처럼 생각해서는 돈의 주인이 되기는 틀렸다 이 말이야!"

소크라테스는 그를 강렬하게 주시하며 되묻는다.

"진정한 돈의 주인이 되는 비결이 뭔지 아나?"

"잘 모르겠습니다."

"돈이란 말이지."

존은 소크라테스의 말을 더욱 자세히 듣기 위해 몸을 앞으로 숙여 경청하는 자세를 갖춘다.

"자기 과시용이 아닌 자기 발전을 위해 쓰여져야만 더욱 더 많은 돈을 부르는 비결이 된다네."

소크라테스는 자기 말에 점점 몰두하며 말을 계속 이어간다.

"즉, 자기가 진정으로 원하는 분야에서 최고가 되기 위해 돈이 쓰여져야만 돈을 제대로 부릴 수가 있다네. 그러나, 우리 주위를 한번 살펴보게나! 다들 돈을 벌기 위해서만 눈이 벌겋게 달아오르도록 뛰어다니지 실상 돈을 어떻게 쓰는지 모르는 중생들이 다반사네. 그래 가지고서는 탐욕이라는 늪에서 허우적대다가 결국 **빠져** 죽을 것이네."

소크라테스는 잠시 한숨을 내쉬더니 말을 계속 이어간다.

"이렇게 돈의 늪에 빠진 사람들을 보면 안타깝기 그지없다네. 그렇다고 그런 사람들을 함부로 도와줘서도 안 되네. 도와준 사람까지 그 늪에 같이 휩싸이며 파멸시킬 수 있는 강력한 파괴력을 지니고 있으니까 말야."

살짝 미소를 머금은 채로 소크라테스는 말한다.

"나 역시 그런 사람들에게 조언을 해준 경우는 많았지만 직접 나서서 도와줬던 경우는 이제까지 단 한 차례도 없었다네."

소크라테스는 진지한 어투로,

"돈의 주인이 되기 위한 중요한 비결은, 돈을 벌기에 앞서 돈을 어떻게 써야 하는지를 먼저 심사숙고해야 한다는 것이네. 즉, 돈을 벌고 나서 어떻게 써야 하는지를 생각하지 말고, 돈을 어떻게 써야 하는지를 먼저 생각하고 돈을 벌어야만 돈을 효과적으로 다스릴 수가 있다는 말이지. 한마디로 돈을 모으기 위한 계획보다 돈을 어떻게 효율적으로 쓸까를 먼저 계획하라는 것이지. 그렇게 하지 않는다면 돈이 쳐놓은 늪에 자네도 언젠가는 걸려들게 돼 있네."

소크라테스는 갑작스레 화제를 돌려 말한다.

"자네가 나를 찾아온 실제적인 까닭은 뭔가?"

존은 주의 깊게 듣고만 있다가 엉뚱한 질문을 해오자 내심 '화들짝' 놀라며 당혹스러움을 감추지 못한다. 그는 놀란 마음을 잠시 진정시키고는 뭔가를 생각하는가 싶더니 이내 입을 연다. 소크라테스는 이 순간을 기다렸다는 듯 존이 얘기하기도 전에 말을 먼저 꺼낸다.

"큰 어려움을 겪고 괴로워하다가 지푸라기라도 잡아볼 심정으로 나를 찾아왔겠지! 그렇지 않은가?"

정곡을 찌르는 말에 당황한 존은 한동안 아무 말 하지 못하다가 마지못해 입을 연다.

"예. 맞습니다."

소크라테스는 넌더리가 난다는 듯이 손사래를 치며,

"방금 전에 말했다시피 나는 늪의 구렁텅이에 빠지기 싫네. 그러나 그 늪에서 비교적 쉽게 빠져나올 수 있게 방법을 알려주는 여러 조언자들을 소개시켜줄 수는 있네. 앞으로 자네는 여러 현인들을 만나게 될 걸세. 그 사람들도 예전에는 자네와 같은 늪에 빠져 허우적대던 불쌍한 중생들이었지. 그러나, 모두 그 위기를 발판 삼아 지금은 크게 성공한 사람들이거나 성공으로 가는 사람들이라네. 이제부터 배울 가르침들은 자네가 어떤 식으로 생각하고 어떻게 깨닫느냐에 따라 시간 낭비가 될 수도 있고, 인생의 극적인 전환점을 마련하는 계기가 될 수도 있을 것이네. 이 점 명심하게나."

소크라테스는 피곤한 모양인지 안경을 벗고 잠시 눈을 감는다.

"말을 너무 많이 했더니 온몸에 힘이 빠지는군. 이제 쉬어야

겠어."

소크라테스는 힘겹게 자리에서 일어나며 피곤한 기색이 역력한 표정으로 존을 바라본다.

"다음주에 다시 보도록 하세. 그때 내 회원을 소개시켜주도록 하지! 오늘은 이만 나가보도록 하게."

그의 피곤하고 지친 모습을 보자 존은 무척 미안한 감정이 든다. 소크라테스는 그의 마음을 읽은 모양인지 잔잔한 미소를 짓는다.

"잊지 말게나. 자네가 어떻게 생각하느냐에 따라 얻고자 한다면 얻을 것이고 구하고자 한다면 구할 것이네. 아니면, 쓸데없이 시간만 허비하는 일이 될 수도 있겠지. 그 늪을 빠져나올 수 있는 건 오로지 자기 자신한테 달려 있다는 사실을 명심하시게나."

존은 송구스런 마음에 허리가 'ㄱ'자가 될 정로 정중하게 인사를 한 후, 사무실 문을 열고 밖으로 나간다.

... 지점장과 약속한 장소

"이봐! 존, 여기야 여기! 생각보다 일찍 끝났군."
지점장의 목소리를 듣고 존은 차 앞까지 뛰어온다.
"예. 많이 피곤하신지 다음에 다시 보자고 하셨습니다."

지점장은 고개를 끄떡이며 차 시동을 걸었다.

"음. 그분도 이제 많이 늙으셨지. 벌써 칠순을 넘기셨으니."

지점장은 궁금하다는 표정을 지으며 그에게 묻는다.

"그건 그렇고, 선생님께서는 무슨 말씀을 하시던가?"

존은 소크라테스가 했던 말을 천천히 되짚어 가며 소상히 얘기한다.

"음. 그렇군! 이제 앞으로 여러 사람들을 만나게 되겠구만. 그렇게 되면 내 별장에서 살기는 어렵다는 말이 되겠지!"

운전을 하며 지점장은 말을 이어간다.

"이제부터 여러 거물들을 만나려면 아무래도 경비와 생활비가 꽤 필요할 것 같으니 내가 자네에게 괜찮은 일자리를 구해주도록 하지!"

"지점장님 여러모로 감사합니다. 성공하면 반드시 갚겠습니다."

지점장은 웃으면서 말을 받는다.

"나중에 딴소리나 하지 말게."

존은 결의에 찬 목소리로 화답한 뒤 반드시 성공하리라 굳게 다짐한다.

소크라테스와의 대화

"돈을 모으기 위한 계획보다 돈을 어떻게 효율적으로 쓸까를
먼저 계획하라는 것이지."

소크라테스가 말하는 투자 진리

수익을 어떻게 낼지 먼저 계획하지 말고
손절매를 어떻게 할지 먼저 계획하라!

'투자' 라는 위험한 바다 속으로!

존이 자신의 보금자리인 폐가(?)에 도착한 시간은 칠흑 같은 어둠이 세상을 뒤덮고 있을 때였다. 지점장은 피곤을 풀 요량으로 자기 손으로 어깨를 번갈아 가며 두드린다. 존은 자기로 인해 고생하는 지점장을 보니 너무 미안한 나머지 지점장의 어깨를 슬쩍 주무르려 하자 괜찮다는 손짓을 하며,

"나도 많이 늙었어. 겨우 이 정도로 피곤한 거 보면."

존은 은근히 걱정스러운 마음에,

"이렇게 어두운데 괜찮으시겠습니까?"

그러자 미소를 지어 보내며,

"괜찮네. 출장을 다니다보면 늘 있는 일인데. 뭘!"

지점장은 오히려 존을 안심시킨다.

"그만 가봐야겠네. 그래야 내일 근무하는 데 지장이 없지! 그러면 다음주에 다시 보도록 하세."

존은 지점장에게 고개 숙여 인사를 한다.

"예. 조심해서 가십쇼!"

지점장은 차에 다시 시동을 걸고 천천히 속력을 내며 산길을 조심스럽게 내려간다.

존은 밤늦게 가는 그가 걱정이 된 모양인지 차에서 뿜어져 나오는 헤드라이트 빛이 완전히 사라질 때까지 한참을 지켜본 뒤에야 집으로 들어간다. 존은 추위를 잊어볼 요량으로 재빨리 자기 옆에 쌓여 있는 이불을 뒤집어 쓴 채 여러 가지 생각에 잠긴다.

….

….

'아무 희망도, 가진 것도 없는 자기를 마치 친자식처럼 대하며 성심 성의껏 도와주는 고마운 지점장에 대해.'

….

'지점장의 소개로 만난 소크라테스라는 노인에 대해.'

….

'앞으로 만나게 될 여러 현인들에 대해.'

앞으로 자신에게 다가올 극적인 사건들을 전혀 짐작하지도 못한 채 막연한 기대감을 가지며 그렇게 천천히 깊은 잠에 빠져든다.

다음날 아침, 눈부신 태양빛이 그의 단잠을 깨운다.

존은 누워 있는 채로 '쭉' 기지개를 편 다음 벌떡 일어나 문을 열고 밖으로 나간다.

'이야, 이게 얼마만이냐. 이렇게 근심, 걱정 없이 평생을 살아봤으면 얼마나 좋을까! 그러고 보니 내가 인생을 잘못 살아도 한참을 잘못 살았구만.'

존은 모처럼 찾은 여유롭고 한가로운 시간을 보내며 자기 자신을 돌이켜 본다.

일주일 후,

어디선가 낯익은 경적이 울리자 존은 기다렸다는 듯이 신발도 신지 않은 채로 문을 박차고 뛰쳐나온다.

"잘 지냈나! 존 마이클. 바로 오늘이 소크라테스 선생님을 만나는 날이지?"

"예. 이번엔 제대로 뭔가 하나 얻어가려고 만반의 준비를 하고 있던 차였습니다."

그렇게 말하고는 존이 멋쩍었던지 머리를 긁적이며 어린아이

마냥 환하게 웃자 지점장도 그 모습을 보고 덩달아 웃는다.

"그래. 그래야지. 자네가 이렇게 해맑게 웃는 얼굴은 근래 들어 처음 보는구만."

"아, 예. 모처럼 아무 걱정 없이 지내다 보니 저절로 웃음이 나오는군요."

지점장은 그를 보며 진지하게 말한다.

"자네가 빨리 성공해서 이렇게 해맑게 웃는 날이 많아졌으면 좋겠네."

존은 주먹을 불끈 쥐며 힘차게 얘기한다.

"예! 반드시 성공할 겁니다. 반드시 성공해서 지점장님께, 어머님께 그리고 많은 사람들에게 이런 역경쯤은 충분히 극복할 수 있다는 것을 당당하게 보여줄 겁니다."

존은 숨을 돌리고 강렬한 눈빛으로 지점장을 쳐다보며 말을 계속 이어간다.

"공포와 막막함을 벗어던지고 아무 근심 없이 일주일을 지내다 보니 제 자신을 제대로 바라볼 수 있게 되더군요. 저는 생각했습니다. 어차피 엎질러진 물, 괴로워한다고 그 물이 다시 채워지지 않는다는 사실을 말이죠. 이왕 엎질러진 물이라면 걱정과 불안한 마음으로 살 이유가 없죠. 차라리 긍정적인 마음으로 새 출발하는 것이 내 자신의 성공을 위해서나, 저로 인해 피해를 받고 고통 받는 사람들을 위해서나 더 낫다는 판단이 들었습니다. 앞으로는 어떠한 난관을 만나도 과거처럼 웅크리거나 뒷걸음치지 않고 최선을 다할 겁니다. 그리고 반드시 성공해서 저로 인해 상처를 받고 피눈물을 흘린 분들께 용서를 빌 겁니다. 그것만이 제가 할 수 있는 최선이라 생각합니다."

지점장은 고개를 끄덕이며 존의 어깨를 두드린다.

"잘 생각했네. 자네 말이 맞아. 이미 엎질러진 물을 보며 절망하고 좌절하기보다는 물을 어떻게 하면 다시 채울 수 있을까를 고민하는 편이 자신에게 이득이 될 걸세. 아직 자네 그릇은 그대로 있으니까 말이야. 그릇이 깨지지 않는 한 물은 언제든지 다시 채울 수 있다는 사실을 항상 명심하시게나."

지점장의 말을 귀담아 들으며 존은 다시 한번 마음을 굳게 다 잡아먹는다.

"자. 이제 그만 가세나. 소크라테스 선생님께서 기다리고 계시겠네!"

| **지점장과의 대화** "이미 엎질러진 물을 보며 절망하고 좌절하기보다는 물을 어떻게 하면 다시 채울 수 있을까를 고민하는 편이 자신에게 이득이 될 걸세. 아직 자네 그릇은 그대로 있으니까 말이야. 그릇이 깨지지 않는 한 물은 언제든지 다시 채울 수 있다는 사실

을 항상 명심하게."

| **지점장이 말하는 투자 진리** 손실 액수를 보며 절망하고 좌절하기보다는 이미 남아있는 투자금액을 어떻게 하면 효과적으로 투자하면서 수익을 낼 수 있을까를 먼저 생각하는 편이 자신에게 더 이득이 된다. 이때 명심해야 될 점은 어느 시기든 수익보다는 리스크관리에 무조건적인 주안점을 둬야 한다는 것이다. 리스크 관리를 철저히 해야만 그나마 남아 있는 당신의 잔고를 철저히 지킬 수 있고 수익 가능성도 높일 수 있기 때문이다. 수익을 내지 못한다고 절망적인 상황까지 다다르지는 않는다. 하지만, 리스크 관리 실패는 결국 물을 더 많이 퍼 담으려다가 물을 담는 그릇마저 깨뜨리는 결과를 초래하고 만다.

... 소크라테스 건물 진입로

지점장은 차를 잠시 세워둔 채로 그에게 말한다.
"자네 몇 번 와봤으니 이제 혼자 찾아갈 수 있겠지?"
"예. 물론이지요."
존은 차에서 내려 그 악몽과도 같았던 비좁은 골목 안으로 다시 홀로 들어간다. 찾아 갈 때마다 매번 느끼는 거지만 사람 한

명이 겨우 드나들 수 있을 정도로 지나치게 비좁은 길로 인해 생기는 심한 답답함과 무기력증 그리고 어지럽게 갈래가 져서 도저히 한번 들어가면 빠져 나올 수 없을 것만 같은 두려움은 그야말로 걸을 때마다 고된 수행의 한 과정(?)이라고 느끼게 한다. 그에게는 여간 고역이 아니었다.

그는 이미 아는 길인데도 불구하고 이리저리 한참동안 헤맨 뒤에야 겨우 소크라테스 건물을 멀리서 발견하고는 안도의 한숨을 쉰다.

건물 문 앞에 다다르고 나니 자신의 인생을 바꿀 수도 있는 새로운 만남이 시작될 수도 있겠다는 생각이 문득 머릿속에 떠오른다. 그러자 지금까지의 근심 걱정은 어느새 감쪽같이 사라지고 벌써부터 마음이 설레기 시작한다. 그는 부푼 마음을 잔뜩 껴안은 채로 건물 안으로 가벼운 발걸음을 옮긴다. 사무실 문을 열고 들어서자마자 여전히 근사하게 잘 차려 입은 중년의 여비서가 그를 아는 체하며 반갑게 맞는다.

"아! 존 마이클 씨, 그동안 잘 지내셨어요?"

"예. 덕분에! 그런데 선생님께서는?"

"지금 손님과 말씀 중이십니다. 잠시만 기다려주세요. 곧 끝나실 겁니다."

"알겠습니다."

몇 분 뒤, 안내테이블에서 어디선가 많이 듣던 목소리가 들려온다.

"김 비서. 그 사람. 아직 안 왔나?"

"예. 방금 전에 오셨습니다."

"그럼 들어오라고 하세요."

"예."

그녀의 안내 없이 직접 소크라테스 사무실 문 앞까지 걸음을 옮긴 존은 짧게 노크를 한다.

"들어오세요."

문에 들어선 존은 깍듯이 인사를 하고는 고개를 든다. 그러나 그의 눈앞에 소크라테스가 아닌 낯선 중년의 신사가 떡 하니 버티고 서 있는 걸 보자 순간 경직되었다가 이내 놀란 가슴을 진정시킨다. 소크라테스는 옆에서 그의 표정을 지켜보며 실소를 금치 못한다.

"음. 때맞춰 잘 왔구만. 이 사람은 나랑 절친한 관계에 있는 안티스테네스라는 분이라네. 인사하시게."

그의 말을 듣자마자 존은 의아해 하며 자기도 모르게 무심결에 한마디 내뱉는다.

"안티스테네스?"

소크라테스는 그가 왜 어리둥절해 하는지 쉽게 눈치를 채고

차근차근 설명한다.

"소피스트에 가입돼 있는 모든 회원들은 사정상 이름을 밝히기를 극히 꺼려해 필명으로 부르는 것을 원칙으로 삼고 있다네. 그래서 이 사람도 안티스테네스라는 필명으로 암암리에 활동하고 있지."

그제야 이해가 된다는 듯 고개를 끄덕인다. 존은 예의를 바르게 갖춰 인사를 건네며 그를 바라본다. 검은 양복에 흰 넥타이 그리고 지팡이를 손에 쥔 그의 모습은 마치 영국의 전형적인 신사라고 착각할 정도로 귀족적인 분위기가 풍겼다. 그의 얼굴 생김새 또한 차려 입은 양복과 잘 어울릴 정도로 고풍스러웠으며 무척 평온해 보이는 인상을 가지고 있었다.

존이 먼저 인사를 건네자 그는 한참을 미동도 하지 않은 채 서 있다가 장난끼 어린 말투로 말문을 연다.

"음. 생긴 거와 다르게 인사 예절 하나는 바르구만."

존은 그의 말에 약간은 불쾌했지만 내색하지 않고 미소를 지으며 말을 받는다.

"감사합니다. 안티스테네스 선생님."

안티스는 양복을 만지작거리며 말을 잇는다.

"선생님이라 불러주니 이상하구만, 그냥 안티스 선배라 부르게."

안티스는 호탕하게 웃으며 존을 유심히 바라본다.

"소크라테스 선생님께서 자네를 소개시켜 주시더군. 그렇지 않아도 자네를 한번 보고 싶었는데 실제로 보니 풍채가 듬직한 게 남자다워서 마음에 들어."

그는 고급스러운 명함을 꺼내 사무실 약도를 간단하게 그린 뒤에 존에게 건넨다.

"자네와 좀더 많은 시간을 가지고 싶지만 오늘은 급한 약속이 있어서 안 되고 다음주 토요일 오후 7시쯤에 보도록 하세."

피식 웃어보이고는 말이 끝나기 무섭게 바람처럼 사라지자 소크라테스는 혀를 차며 혼잣말을 중얼거린다.

"저 사람도 원, 성격 급한 건 예전이나 지금이나 똑같군."

소크라테스는 존을 바라보며 말을 건넨다.

"자네가 이해하게. 저 사람이 원래 성격이 급해서 말야."

"하하, 괜찮습니다."

그의 안색을 잠시 살피다 소크라테스는 진지한 표정으로 묻는다.

"몇 번씩 여기를 힘들게 올 때마다 왜 찾기도 어려운 미로와 같은 곳에 건물을 세웠는지 궁금한 적은 없었는가?"

존도 기다렸다는 듯 금세 말을 받는다.

"예. 그런 생각은 많이 하고 있었으나, 혹시 실례를 범하게 될

까봐 속으로 삼키고 있던 중이었습니다."

소크라테스는 오히려 그에게 되묻는다.

"자네가 먼저 생각해 보게. 왜, 내가 이런 곳에 건물을 지었을까?"

곰곰이 생각해 보지만 도저히 생각이 나지 않는 듯 고개만 갸우뚱거린다. 소크라테스는 당황하는 그의 모습을 한참 동안이나 바라만 보다가 벽에 걸려 있는 시계를 얼핏 보더니 안 되겠는지 숨을 한번 크게 내쉬고는 말문을 열기 시작한다.

"내 소문을 듣고 미로와 같은 골목을 무작정 들어섰다가 나를 만나보지도 못하고 되돌아가는 경우가 다반사라네. 설령, 나를 만났다 하더라도 다시 찾아오기가 매우 꺼려지지. 처음엔 나조차도 왜 이런 곳에 집을 지었나 하고 후회한 적이 있을 정도니까 말이야. 아마 자네도 약도가 없었다면 평생 찾아오지 못했을 걸세. 안티스테네스 역시 내가 알기로는 1년간 수백 번 이상 이 골목을 왔다 갔다 하면서 아주 우연히 내 건물을 찾게 된 케이스 중에 하나지. 아마 그 친구만큼 인내력이 강한 사람은 보기 드물 걸세."

소크라테스는 미소를 머금은 채 말을 계속 이어간다.

"워낙 찾기 어려운 곳에 건물을 지어 놓아서 다른 사람들 일로 인해 내 소중한 시간을 뺏기는 일은 이제 거의 없어졌으니 지금은 아주 잘 지었다는 생각이 들어."

그는 목이 타는지 물을 입에 축이고는 존에게 묻는다.

"미로와 같은 이 길을 쉽게 빠져 나갈 수 있는 방법이 뭔지 아나?"

존은 귀를 기울인 채로 듣기에만 몰입하고 있다가 갑자기 질문을 해오자 그에 대한 대답이 얼른 생각나지 않는 모양인지 고개를 절레절레 흔든다.

"저…, 생각해 본 적이 없어서 잘 모르겠습니다."

"음, 너무 복잡하게 생각하는 것 같구만. 이 길을 빠져나갈 수 있는 방법은 의외로 간단하다네. 바로 나를 만나겠다는 확고한 믿음을 갖는 것이지. 그러나 믿음이라는 건 변질되기 쉽기 때문에 이것만 가지고서는 절대 이 골목을 통과하지는 못한다네. 변덕이 죽 끓듯 한 '믿음'이라는 작자를 끝까지 내편으로 만들고자 한다면 이 골목을 어떻게 지나가야 될지, 미로를 헤매거나 막다른 길에 다다랐을 때는 어떻게 어떤 식으로 대처해야 될지 미리 머릿속에 그려봐야 한다는 사실을 잊지 마시게나. 그리고 무엇보다 가장 중요한 것은 '인내'라는 녀석이라네. 인내를 통해서만 자신이 생각한 바를 이룰 수 있으니까 말이야."

소크라테스는 은근한 말투로,

"이쯤에서 한 가지 물어볼 것이 있네. 자네, 투자를 하다가 남들은 상상도 할 수 없는 엄청난 빚을 졌다고 들었는데 그게 사실인가?"

존은 그 말을 듣자 갑자기 지난날의 악몽이 떠오르며 몸을 부르르 떨기 시작한다. 고통스런 마음을 억지로 진정 시킨 채 마지못해 대답한다.

"예. 맞습니다."

"음, 사실이었구만."

그는 고개를 끄떡이며 말을 계속 이어간다.

"언젠가 내가 말한 적이 있었지. 여러 회원들을 소개시켜준다고 말야. 이제 와 생각해보니 아주 큰 빚을 진 자네에게 쓸데없는 짓을 하고 있는 게 아닌가 하는 의구심이 드네. 자네는 진심으로 투자라는 위험한 바다 속에 다시 뛰어들고 싶은가? 아니면 지금이라도 그만 이 일을 포기하고 다른 일을 시작해 볼 텐가? 원한다면 안정적이고 꽤 괜찮은 직장을 힘껏 주선하도록 하겠네. 그리고 일에만 신경 쓸 수 있도록 특별히 자네가 안고 있는 모든 빚에 대한 보증까지 서 줄 수도 있네. 어떤가? 꽤 괜찮은 조건이라 생각하지 않은가?"

존은 단호하게 고개를 젓고는 추호의 망설임도 없이 답한다.

"저는 투자라는 녀석에게 돈뿐만 아니라 내 꿈마저도 송두리째 뺏겼습니다. 그 녀석한테서 다시 내 인생을 돌려받고 싶습니다."

　소크라테스는 미소를 머금은 채로 말을 계속 이어간다.

　"그럴 줄 알았네. 그럼 자네의 뜻을 존중하도록 하겠네. 나중에 후회나 하지 마시게나. 기회는 이미 지나갔으니까 말이야. 의지가 이렇게 확고하니 자네에게 도움이 될만한 만남을 적극적으로 주선하도록 하겠네. 앞으로 자네는 여러 거물들을 만나 많은 대화를 나누게 될 걸세. 부디! 만남의 기회를 잘 살려 성공하기를 진심으로 빌겠네."

소크라테스와의 대화

변덕이 죽 끓듯 한 믿음이라는 작자를 끝까지
내편으로 만들고자 한다면 이 골목을 어떻게 지나가야 될지,
미로를 헤매거나 막다른 길에 다다랐을 때는
어떻게 어떤 식으로 대처해야 될지 미리 머릿속에 그려봐야 한다는
사실을 기억하시게나. 그리고 무엇보다 가장 중요한 것은
'인내' 라는 녀석이라네. 인내를 통해서만
자신이 생각한 바를 이룰 수 있으니까 말이야.

소크라테스가 말하는 투자 진리

투자를 하기 전에 이 세 가지 질문에 대해 곰곰이
생각해보는 시간을 갖자.
나는 어떤 투자 스타일이 잘 맞는가?
나는 어떤 식으로 투자할 것인가?
나의 투자 인내력은 어느 정도인가?

지점장의 조언
"수익보다는 생존을 먼저 생각하게"

　다음날 이른 새벽, 존은 한번도 와보지 못한 낯선 곳에 외로이 홀로 서 있다. 그곳은 숨을 쉬기가 어려울 정도로 모래바람이 세차게 휘날리고 있었으며, 사방 어디를 둘러보아도 모래 이외의 생명체라곤 없었다. 그는 아무 생각 없이 무작정 걷기 시작한다. 걸을 때마다 느껴져오는 질퍽질퍽한 발 감촉은 음침하고 끔찍한 기분이 들어 걷고 싶은 마음이 싹 가시게 만들었으나 그의 두 다리는 뭔가에 홀린 것처럼 정처 없이 걷는다. 한참 이렇게 걷다 보니 갑자기 검은 물체가 모래 바람 사이에 서 있는 모습이 보인다. 이곳에서 처음 느끼는 생명체의 숨소리로 인해 순간 반가움을 느꼈지만 가까이 가면 갈수록 그런 반가움은 왠지 모를 공포로 바뀌었다.

잠시 뒤, 존은 그 음침한 생명체 바로 앞에서 자기 의지와는 상관없이 발걸음을 멈춘다. 온몸에 검은 칠을 하고 검은 복면을 한 자가 살기 어린 눈빛으로 자신을 계속해서 쏘아보며 점점 가까이 다가오자 존은 순간 극도의 공포를 느끼며 아무 이유 없이 그를 피해 달리기 시작한다. 복면을 쓴 자 역시 뒤에 숨겨 놓았던 서슬 퍼렇게 날이 선 도끼를 들고 그를 쫓는다. 존은 젖 먹던 힘까지 다해 내달려 보지만 발걸음은 점점 느려지기 시작한다. 아무리 뛰려고 애를 써봐도 두 다리는 이미 그의 것이 아니었다. 양다리는 의지와는 상관없이 마냥 걷기 시작한다. 그는 극도의 공포에 휩싸인 채 온몸을 소스라치게 떨며 무슨 수를 써서라도 다시 뛰기 시작해야겠다고 마음먹던 찰나에 복면을 쓴 자와 정면으로 맞닥뜨리게 된다. 그가 도끼를 들고 점점 가까이 다가오는 것을 보자 죽음의 공포를 느끼며 필사적으로 반항하려 애쓰지만 이미 몸은 그의 의지와 상관없이 굳어 버린다. 복면을 쓴 자는 이때를 놓칠세라 무참히 그를 짓이겨 놓는다. 존의 두개골은 어느새 반으로 쪼개져 나가며 온 바닥에 뇌수가 흐르고 있었고 몸은 갈기갈기 찢겨진 채 엄청난 양의 시뻘건 피와 내장을 한꺼번에 토해내기 시작한다. 그리고는 마치 준비된 일인 것 마냥 복면을 벗고 광기 어린 눈빛으로 존을 쳐다보며 잔혹한 미소를 짓는다.

그 순간 존은 외마디 비명과 함께 몸을 괴롭게 뒤척이다 잠에서 깨어난다. 어찌나 생생했던지 꿈이라는 것을 내심 알면서도 그는 한참 동안이나 양손과 두 눈을 이용해 온몸을 샅샅이 만져보고 살펴도 본다.

속옷이 식은땀으로 흥건하다는 것 외에 피 한 방울, 상처 하나 없는 것을 확인하자 안도의 한숨을 쉬며 가슴을 쓸어내린다. 존은 다시 잠을 청해 보려 하지만 잔상이 계속해서 떠올라 도저히 잠이 오지 않는다. 그는 누운 채로 한참 동안 멍하니 그렇게 있다가 더 이상 안 되겠는지 자리를 박차고 일어나 시간이나 때워볼 요량으로 노트를 꺼내 겉장에다가 큼지막하게 '소크라테스와의 대화'라는 타이틀을 대충 흘겨 적고 그동안 소크라테스와 있었던 여러 가지 일들을 천천히 되씹어 가며 낙서하듯이 글을 써 내려간다.

소크라테스 선생이라는 괴짜(?)와의 만남

내게 새 삶의 발판을 만들어주신 고마운 지점장님 소개로 소크라테스 선생이라는 괴짜(?)를 만났다. 처음엔 이 늙은이가 과연 시장을 좌지우지하게 만드는 거물일까? 라고 의심이 들 만큼 소박한 차림세와 순박하게 생긴 외모로 인해 다소 의심쩍은 구석이 있었지만, 몇 번의 만남을 통해 그가 과연 어떤 사람일지 궁금증이 일기 시작했다.

진실과의 대화라는 차?, 그리고 그가 말하는 돈과 부에 대한 주관적(?)인 사상들….
범상치 않은 그의 말에 분명 위대한 삶의 진리가 숨어 있다는 것을 어렴풋이 느꼈다. 그렇다면 과연 그가 내게 말하고자 하는 진정한 속뜻은 뭘까? 그리고 앞으로 어떠한 일들이 일어날까?

순식간에 연달아 몇 장의 글을 쓰고 난 뒤, 펜을 내려놓은 그는 이제까지 소크라테스가 한 말들에 대해 곰곰이 생각하며 자기도 모르게 서서히 잠이 들기 시작한다.

누군가가 문을 "쿵쿵" 두드리는 소리가 들린다. 존은 부스스한 머리로 일어나 눈을 비비며 문을 연다. 지점장은 그 꼴을 보고 어이가 없다는 듯 말한다.
"지금 한나절이 지난 지가 언젠데 이렇게 자빠져 자고 있나."
존은 손으로 입을 막은 채로 하품을 연신 해대며,
"그러게 말입니다. 오늘 새벽 무서운 꿈을 꿔서 한참 잠을 설치다가 그만…."

지점장은 집히는 게 있다는 듯 말한다.

"무서운 꿈이라. 내게 그 꿈을 얘기해 보겠는가?"

존은 고개를 끄덕이며 꿈에 대한 내용을 소상히 지점장에게 얘기한다. 그는 진지하게 들으며 턱을 괸 채 곰곰이 생각하는가 싶더니 금세 환하게 웃으면서 존의 어깨를 '툭' 친다.

"하하, 이런 꿈은 절대 아무나 꾸기 힘들지."

존은 놀란 토끼처럼 시뻘겋게 충혈된 눈을 동그랗게 뜬 채 지점장에게 묻는다.

"예? 그게 무슨 말씀이신지?"

지점장은 확신에 찬 듯 힘차게 말한다.

"자네가 역경을 이겨내고 성공으로 갈 수 있다는 아주 좋은 징조라 이 말일세. 나 역시 자네처럼 힘들고 어려웠을 때 그런 비슷한 류의 꿈을 꾸고는 모든 게 순조롭게 잘 풀렸다네. 한번 열심히 해보게. 자네는 할 수 있어! 그 꿈이 말해주지 않나!"

지점장이 하는 말을 듣고 존은 이제야 안심이 된다는 듯 깊은 한숨을 쉬며 그 꿈에 대한 막연한 기대감을 갖기 시작한다.

"그건 그렇고, 내가 여기에 온 건 자네 일자리를 소개 시켜주기 위해서야. 아참, 이제부터는 이 집이 아닌 자네가 일할 회사 기숙사에서 지내게 될 걸세."

존은 송구하다는 듯 지점장을 차마 보지 못하고 머리를 긁적이며 입을 연다.

"항상 이렇게 신경써주셔서 감사합니다."

지점장은 존의 그런 모습을 보더니 방긋 미소를 지어 보내며 화제를 돌린다.

"자네가 앞으로 일할 그 회사 사장 말이야, 대단히 능력 있는 젊은 친구지. 자네 나이 또래에 벌써 직원 수백 명을 이끌고 있으니 말 다한 거 아닌가. 그 친구한테 자네 얘기를 잘해 놨으니 한번 만나 보게. 분명 큰 도움이 될 걸세."

지점장은 존을 재촉하며,

"지금 얼른 짐 꾸리게. 바로 가야 하니까 말이야!"

"예. 알겠습니다."

존은 재빨리 집 안으로 들어가 짐을 꾸리기 시작한다. 역시 얼마 안 되는 짐이라 단 몇 분 만에 작은 보따리를 손에 쥐고 유유히 걸어 나온다. 지점장은 웃으면서 말한다.

"음, 짐이 없으니까 빨라서 좋군."

지점장은 존을 위해 손수 앞좌석 문을 열어주며,

"자, 타시게."

지점장이 직접 차문을 열어주자 존은 송구스러워하며 머리를 조아린 채 말한다.

"예. 감사합니다."

가만히 있어도 몸이 심하게 들썩거릴 만큼 울퉁불퉁한 길을 한참동안 내려가자 시원하게 뚫린 고속도로로 진입한다. 지점장은 기다렸다는 듯이 엄청난 속력으로 고속도로를 내달린다. 이렇게 한동안 말없이 운전만 하던 지점장은 존에게 은근슬쩍 말을 건넨다.

"자네 15억 원이라는 어마어마한 빚을 진 걸로 알고 있네. 어떻게 해서 그렇게까지 큰 빚을 졌는지 얘기해 줄 수 있겠나? 말하는 것 자체가 고통스럽다면 굳이 얘기하지 않아도 되네."

존은 한참을 망설이다가 크게 한번 숨을 내쉬고는 말을 하기 시작한다.

"고객의 돈을 일임 받고 운 좋게 돈을 불려 주면서 일이 점점 커지게 되었죠. 그 당시만 해도 이렇게 절망적인 상황이 올 줄은 꿈에도 몰랐습니다."

존은 그동안 있었던 일들을 지점장에게 천천히 실토한다.

"그때부터 눈덩이처럼 빚이 커지더니…, 제가 뭐에 씌었나 봅니다. 이렇게 일이 커질거라곤 생각하지 못했습니다. 진작 알았더라면…"

존은 그때 일을 회상하며 팔을 부들부들 떨다 손으로 머리를 쥐어뜯는다. 지점장은 그 모습을 보자 깜짝 놀라며 존의 손을 잡으며 만류한다.

"됐네. 그만 말하시게. 자네가 이렇게까지 고통이 클 줄은 몰랐네. 미안하네."

아직도 그 충격이 가시지 않는 듯 존은 멍하니 차창 밖을 바라보며 말한다.

"아닙니다. 괜찮습니다."

지점장은 한참 심각한 표정을 지은 채 무언가를 생각하다가 무겁게 입을 연다.

"자네가 투자에 실패한 결정적인 이유가 뭐라고 생각하는가?"

존은 곰곰이 생각에 잠긴다. 지점장은 그의 대답을 기다리지 않고 재차 물어본다.

"자네 혹시 리스크 관리라고 들어봤는가?"

이미 그쯤은 눈감고도 알고 있다는 듯 존은 대수롭지 않게 말한다.

"예. 당연하죠."

"음, 그래? 그렇다면 리스크 관리에 대해서 말해보게."

존은 자신 있게 답한다.

"리스크 관리란, 최소한의 손실로 최대한의 수익을 올리게 하는 일종의 수익 확대 기법이라 생각합니다."

지점장은 주의 깊게 그가 하는 말을 듣고 고개를 끄덕인다.

"수익에 가장 큰 중점을 둔다는 얘기군."

"예. 그렇습니다."

"자네 말도 일리가 있네. 하지만 수익보다는 손실을 더 크게 키울 가능성이 높은 사고방식이기도 하지."

존은 이해가 가지 않는다는 표정으로 그를 쳐다본다.

"가장 위험한 투자 시기가 언제라 생각하는가?"

"그야 물론 손실을 볼 때지요."

지점장은 반문한다.

"그렇다면 손실은 언제 많이 보지?"

왜 그런 당연한 질문을 하냐는 어투로 존은 답한다.

"장이 떨어질 때 가장 많이 봅니다."

"음, 아주 잘 아는구만. 그걸 잘 알면서도 자네는 엄청난 빚을 졌네. 그렇지 않은가?"

그의 말을 듣고 부끄러운 마음이 든 나머지 존은 고개를 수그린 채 아무 말도 하지 못한다.

"추궁하고자 물어보는 것이 아니니 너무 오해하지는 말게. 조금 전 자네가 너무 고통스러워하는 것을 보고 말하지 말까도 생각했지만, 만일 지금이라도 일깨워주지 않는다면 언제고 이러한 비극이 또 다시 일어날까 염려되어 조언을 해주는 것뿐이라네."

존은 지점장에게 미소를 지어 보내며,

"예. 그 정도는 저도 이미 눈치 챘습니다."

지점장은 존이 웃는 모습을 보고 이제야 안심이 된다는 듯 말을 계속 이어간다.

"손실을 가장 많이 보는 시기는 자네가 말했던 것처럼 장이 떨어질 때라 할 수 있네. 좀더 자세히 말하자면 한창 상승세를 타고 있다가 주가가 출렁거리며 갑자기 빠지는 시기라 이 말일세. 이때 발버둥을 치면 칠수록 오히려 손실 폭만 더욱 커지게 되지. 정말 생각하기 싫은 최악의 장세라 이 말일세. 이때 재수 없이 걸려든 투자가들은 마치 지옥불을 걷고 있는 듯한 기분이 들지. 자네도 이런 기분을 충분히 느껴 봤을 것이네."

지점장은 존에게 묻는다.

"이 지옥과 같은 장세를 벗어날 수 있는 가장 좋은 방법이 뭔지 아나?"

존은 생각이 나지 않는 듯 한참을 고개만 갸우뚱거리다 도저히 모르겠다는 듯 지점장을 쳐다본다.

"가장 좋은 방법은 다 팔아버리고 한동안 시장을 멀리 떠나 있는 것일세. 그게 가장 간단하면서도 최고의 방법이라 할 수 있지. 그러나 그렇게 하지 못하겠다면 생존형 리스크 관리가 필요하다네. 투자를 할 때는 어느 시기에서든 수익을 중점으로 하기보다는 생존에 무조건적인 중점을 두고 투자를 해야만 오히려 지속적인 수익창출이 가능하지. 하지만 자네처럼 수익에 중점을 둔 투자가는 상승하는 시기에는 수익을 아주 크게 내다가도 주가가 빠지기 시작하면 걷잡을 수 없이 손실 폭이 커진다네. 이때 수익에 주안을 두는 대부분의 투자가들은 대개가 손실을 내면 손실을 만회하고자 하는 본전 욕구가 강하기 때문에 쉽게 포기하지 못하고 물 타기나 미수를 걸어 오히려 공격적인 성향을 띄다가 깡통을 차는 경우가 다반사지."

존은 이 말에 수긍한다는 듯 고개를 끄덕인다. 지점장은 말을 많이 하느라 힘든 모양인지 한참 숨을 크게 내쉬더니 말을 계속 이어간다.

"리스크 관리라는 것은 수익을 먼저 생각하기보다는 생존을 먼저 생각해야 되네. 즉, 어떻게 하면 적은 손실을 보면서 큰 수익을 낼지 생각하지 말고, 어떻게 해야만 적은 손실을 보면서 끝까지 생존할 수 있을까를 생각하고 연구해야 된다 이 말일세. 즉, 수익을 낸다는 것 자체는 자네 영역이 아니라 오직 시장의 영역이라 생각하고 수익을 내고자 하는 생각 자체를 아예 버린 채로 투자하는 것이 오히려 수익을 낼 수 있는 최선의 지름길이라는 사실을 기억하시게나."

| **지점장과의 대화** "어떻게 해야만 적은 손실을 보면서 끝까지 생존할 수 있을까를 생각하고 연구해야만 된다 이 말일세. 즉, 수익을 낸다는 것 자체는 자네 영역이 아니라 오직 시장의 영역이라 생각하고 수익을 내고자 하는 생각 자체를 아예 버린 채로 투자하는 것이 오히려 수익을 낼 수 있는 최선의 지름길이 된다는 것을 기억하시게나."

| **지점장이 말하는 투자 진리** 생존형 리스크관리란, 수익은 시장의 영역에 맡기고 손실을 최소화시킨 채로 생존 방법을 적극적으로 찾는 리스크 관리 전략으로써 이러한 전략은 투자에 있어서 가장 큰 장애라 볼 수 있는 욕심이라는 굴레를 쉽게 벗어날 수 있게 해주며 꾸준한 수익 창출을 가능케 하는 최선의 투자 전략이 되기도 한다.

낯설지 않은 이와의 만남

반 시각이 지난 후, 넓디넓은 광장에 차가 어느새 멈춘다.
"다 왔네."
"예? 벌써 다 왔습니까?"
"그러게나 말일세. 역시 대화의 힘은 위대하지 않은가?"
그는 존에게 차에서 내리라는 손짓을 하며,
"여기서부터는 부드러운 잔디가 깔려 있어 차로는 갈 수 없으니 귀찮더라도 운동 삼아 걷도록 하세."
알겠다는 듯이 존은 말없이 고개만 끄덕이고는 차에서 내려 '쭉' 한번 기지개를 편 다음 고개를 들고 전경을 천천히 살펴본다. 저 멀리 외롭게 서 있는 녹색 바탕의 건물을 발견하고는 신기한 모양인지 한참을 바라본다. 건물 주변에는 수많은 나무가 가지런히 일렬로 심어져 있었으며 그 밖에도 여러 조경물들이 깔끔하게 배치돼 있어 근무 환경에 꽤 신경을 쓴 것처럼 보였다. 한참 그렇게 바라보며 감탄을 자아내고 있을 때쯤 지점장이 은근 슬쩍 그에게 다가가 말을 건넨다.

"회사 구경은 나중에라도 실컷 할 수 있으니 이쯤에서 걷는 게 어떤가? 한참동안 걸어야 될 것 같은데. 아마 그 젊은 사장 친구가 눈이 빠지도록 기다리고 있을 걸세!"

그의 말에 존은 무안했던지 얼굴이 붉어진다.

"예. 알겠습니다."

지점장이 건물 쪽으로 발걸음을 옮기자 존 역시 뒤따라 걸음을 옮긴다. 눈으로 보기에는 가까운 거리라 생각했지만 걷다보니 의외로 먼 거리였다. 한참을 그렇게 걸었을까?

멀리서는 잘 보이지 않았으나 가까이 가면 갈수록 외관 한가운데에 황금색으로 칠해진 'PE' 라는 글자가 유난히 눈에 띄었으며 생각보다 건물 규모가 웅대했다. 또한, 건물 외관에 녹색 바탕에 산과 숲, 그리고 바다가 아름답게 수놓아져 있어 한 폭의 거대한 미술품이라 해도 손색이 없을 정도였다.

그렇게 건물 외관을 감상하며 발걸음을 옮기다보니 어느새 건물 정문 앞에 도착해 있었다.

지점장은 존을 재촉하며 건물 안으로 빠르게 발걸음을 옮긴다.
 문을 열고 들어가자 말쑥하게 차려 입은 예쁘장하게 생긴 여비서가 데스크에 앞에 서서 친절하게 인사한다. 지점장이 그 비서에게 다가가 뭐라 소곤거리자 이미 알고 있다는 듯한 표정을 지으며 환한 미소와 함께 어디론가 안내한다. 비서의 도움을 받으며 계단을 밟고 올라가다 벽이 온통 강화유리로 제작되어 있는 것을 보자 잠깐 멈춰 서서 신기한 듯 쳐다본다. 유리벽이 그 흔한 티끌 만한 먼지나 손자국 하나 없이 깨끗한 것을 보자 이 회사 사장이 어느 정도로 세심하고 깔끔한 성격인지 한눈에도 알 수가 있었다. 유리 밖 공장에서는 하나같이 흰 가운을 입고 마스크와 흰 빵모자(?)를 쓴 인부들이 일하고 있다. 흰 선을 따라 큰 물건을 지게차로 나르고 있는 인부, 프레스를 찍고 있는 인부, 수치제어 공작 기계 안을 열심히 들여다보며 수치를 입력하는 인부 등 공정별로 분담하여 체계적으로 일하는 것처럼 보였다.
 지점장은 존이 옆에 없자 한참 고개를 두리번거리다가 창문을 멍하니 쳐다보고 있는 그를 보고는 뒤돌아서며 큰소리로 외친다.
 "뭐하나? 자네! 어서 오지 않고."
 존은 깜짝 놀라 얼른 지점장이 있는 곳까지 뛰어 올라간다. 자신의 행동이 멋쩍었던지 뒤통수를 긁적거리며 웃어 보인다. 지점장은 존의 그런 표정이 재미있는 모양인지 실소를 금치 못한다.

꼭대기 층인 5층에 다다르자 안내원은 지점장을 보며 상냥하게 말을 건넨다.

"여기서 잠시만 기다려 주십시오."

그녀는 어디론가 사라더니 잠시 후 다시 돌아와 사장실 문 앞까지 안내한 뒤 짧게 노크를 한다.

"예. 들어오세요."

문을 열고 들어가자 풍채가 듬직한 건장한 젊은 사내가 지점장을 반갑게 맞는다.

"아이고 선생님, 보고 싶었습니다. 이제야 오시는군요."

사내는 존을 가리키며,

"아, 이분이 존이라는 분입니까? 만나서 반갑습니다. 저는 잭 필드라는 사람입니다."

존은 그를 보고 놀라 순간 멈칫거린다. 일전에 꿈에서 자기를 무참하게 난도질한 자와 매우 닮았기 때문이었다. 그의 형상에 당혹감을 금치 못하면서도 겉으로는 아무 내색 없이 인사를 받는다.

"예. 안녕하십니까!"

잭은 호탕하게 웃으며,

"존 씨 얘기는 많이 들었습니다. 얼마나 노고가 크십니까? 이제 여기서 일하면서 편히 지내십시오."

"예. 감사합니다."

잭은 소파를 가리키며,

"선생님 여기 앉으세요. 존 씨도 앉아서 얘기하십시다."

존을 주시한 채로 잭은 말한다.

"일단, 저희 회사에 대해 설명하도록 하죠."

잭은 노란 서류철을 존에게 건네며 천천히 말을 이어간다.

"저희 회사에 대해 짤막하게 말씀드리자면, 차축 및 엔진 부속품을 양산하고 있는 자동차 부속 전문 제조업체로서 특히, 우리가 자부하는 주력 제품은 베어링입니다. 베어링 제품은 없어서 못 팔 정도로 최고의 품질과 기술력을 자랑하죠. 제가 설명하고자 하는 바는 여기까지입니다. 더 자세한 건 제가 드린 서류를 참고하시면 될 겁니다."

존은 서류철을 펴보며 고개를 끄떡인다.

"예. 알겠습니다."

"아, 참 그리고 앞으로 존 씨는 재고 관리 부서에서 일하시게 될 겁니다. 머리를 꽤 쓰는 부서이니 각오하시는 게 좋을 겁니다."

꿈의 영향이 컸던 탓인지 존은 잭이라는 사람이 썩 마음에 들지는 않았으나 뭔가 자기에게 중요한 인물이 될 수 있을 거라는 생각이 잠시 스쳐지나간다.

겉으로는 열심히 듣고 있었으나 존의 생각은 다른 곳에 머물러 있었다. 다만 지점장이 전에 했던 해몽대로 잭이라는 성함을 가진, 꿈에서 복면을 쓴 자와 무척이나 닮은 그가 차후 자신에게 어떤 영향을 끼칠지에 대해서만 생각의 초점을 기울인다.

공부하라, 공부하라, 공부하라

야심한 시각.

아무것도 보이지 않는 어두컴컴한 공장 한쪽 구석에 자그마한 빛이 이리저리 움직인다.

형체를 제대로 알 수는 없지만 마스크와 모자를 뒤집어 쓴 정체불명의 누군가가 랜턴을 비추며 무언가를 빠르게 찾고 있다. 이내 자기가 찾던 물건을 발견했는지 작은 외마디 비명과 함께 차갑고 작은 동그란 쇠뭉치를 떨어질새라 조심스럽게 손으로 잡는다. 그리고 나서 랜턴을 그 쇠뭉치에 가까이 비추며 깨알만한 글씨를 한참 자세히 들여다보더니 옆에 놔둔 서류철을 집어 들고 무언가를 한참 적기 시작한다.

그때 갑자기 또 다른 누군가가 랜턴을 비추며 그를 향해 소리치자 화들짝 놀라 서류철을 떨어뜨리며 뒤를 돌아본다.

"어이. 거기 존인가?"

이미 많이 듣던 목소리가 들려오자 그는 안심하고 서류철을 주우며 답한다.

"예. 맞습니다."

그는 존에게 가까이 다가가며 말한다.

"자네 때문에 놀라 자빠지는 줄 알았네."

존은 머리를 긁적이며,

"죄송합니다. 재고가 맞지 않아서 다시 한번 확인하러 나왔습니다."

"음. 이건 자네가 굳이 하지 않아도 되는 일인데. 열심히 하는 것도 좋지만 쉬엄쉬엄하게나. 그러다 병나겠네."

존은 웃으며,

"예. 알겠습니다."

새벽이 밝아오고서야 재고조사를 겨우 끝낸 존은 지친 한숨을 몰아 쉰 채 기숙사로 간다. 침대에 누워 잠을 청하지만 어차피 1시간 뒤에 출근을 해야 한다는 생각에 그는 잠자는 것을 이내 포기하고는 지난주에 있었던 안티스테네스와의 만남을 떠올리며 지그시 눈을 감는다.

"잘 왔네."
안티스테네스는 존을 반갑게 맞으며 손수 사무실 안까지 안내한다.
"일단 앉아서 얘기하도록 하지."
존은 정중하게 고개를 숙이며 답한다.
"예. 감사합니다."
안티스테네스는 묻는다.
"그래. 요새는 어려움 없이 잘 지내는가?"
"예. 지점장님께서 손수 알아봐주신 일자리 덕분에 먹고 사는 데는 지장이 없게 되었습니다."
그는 고개를 끄떡이며,

"그거 참 잘된 일이구만."
"지금 와서 하는 말이지만 자네를 볼 때마다 동지애를 느껴."
존은 웃으며 말을 받는다.

"그렇게 봐주시니 감사할 따름입니다. 안티스 선생님!"
"음. 그래! 자네 머리가 좋구만. 나를 안티스라고 부르는 거 보면!"

바쁜 일이 있는 모양인지 안티스는 연신 시계를 쳐다본다.

"그건 그렇고 자네가 괜찮다면 투자에 대해 본격적으로 얘기해 보는 것은 어떨까?"

"물론 저야 좋습니다."

"고맙네."

안티스테네스는 입을 막고 헛기침을 몇 번 하더니 진지하게 말을 하기 시작한다.

"우선 내가 어떤 식으로 투자하는지 말해주도록 하겠네."

존은 고개를 끄덕이며 하나라도 놓치지 않겠다는 심정으로 귀를 쫑긋 세우고 주의 깊게 듣는다.

"내가 투자하는 스타일을 간단히 말하자면, 기업 가치를 우선 판단하고 그 후에 투자 판단을 내리는 방식이라 볼 수 있네. 흔히들 나 같은 투자가들을 기본적 분석론자라고들 하지. 자네는 기본적 분석에 대해 들어는 봤는가?"

존은 당연히 알고 있다는 듯이,

"예. 하지만 너무 복잡한 투자 공식들이 많아 어렵다는 생각이 들더군요."

"음. 그럴 수도 있겠지. 하지만 말야. 어렵게 분석한다고 다 좋은 것만은 아니라네. 어렵다는 것은 쉽게 떠올리기 힘들다는 뜻이 되므로 결국 죽은 지식으로 갈 가능성이 높거든. 어차피 어렵게 분석하나 단순하게 분석하나 우량한 기업은 우량하고 불량한 기업은 불량하다는 것만은 잊지 말게. 또한 기본적인 분석은 매우 중요한 투자 지표라 볼 수 있지만 그렇다고 이 분석만을 이용해 투자를 해서도 절대 안 되네. 앞으로 다른 현인들에게 지속적으로 배우겠지만, 우리가 흔히 접할 수 있는 기술적 분석이라는 지표 역시 투자하는 데 있어서 매우 핵심적인 역할을 하게 되지. '기본' 적 분석이 길을 단순히 밝혀 주는 등대 역할을 해준다면 '기술' 적 분석은 더욱 빠르게 효과적으로 길을 찾을 수 있게 해주는 방향 지시등이라 할 수 있을 정도니까 말야. 그러나 어떠한 투자지표도 맹신하지는 말게. 세상에 나도는 모든 투자 지표들은 단지 방향만을 알려줄 뿐이지, 다른 변수들까지 예측해서 알려주지는 않는다네. 그 누구도 미래를 예측할 수 없으니까 말이야."

선뜻 이해가 되지 않는지 존은 고개를 갸우뚱거린다.

"그게 무슨 말씀이신지 도통….”

"자네를 위해 더 쉽게 설명하지. 가장 적절한 투자 방식은 투자할 만한 가치가 있는 주식인지 일단 기업 가치를 분석한 연후, 기술적 분석 즉 차트를 이용해 매수할 시기를 포착해 내라 이 말일세. 이제 이해가 가는가?"

존은 고개를 끄덕인다.

"중요하기에 다시 한번 강조해 보고자 하니 지금부터 내가 하는 말을 잘 들어 보게나."

"예. 최선을 다해 경청하겠습니다."

안티스는 헛기침을 몇 번 하고는 천천히 말문을 다시 연다.

"기본적 분석이나 기술적 분석 또는 그 외 세상에 속속들이 개발되고 있는 모든 투자 지표들은 단지 현재의 방향이 어떤 식으로 흘러가고 있는지만 알려줄 뿐, 미래의 변수까지 모두 예측해서 알려주지는 않는 법이라네. 투자를 잘하고자 한다면 어떠한 투자지표든지 너무 한 투자 기술에만 의존하거나 맹신하지 말고 넓은 시각에서 시장의 흐름을 보는 습관을 길러야만 되네. 그러기 위해서는 물에 빠져 숨쉴 공기를 원하듯이 지식을 간절히 원해야만 되며 수많은 시행착오를 겪어야 한다는 사실을 잊지 말게나."

안티스테네스는 시간이 없다는 듯 재빠른 손동작으로 주머니에서 명함과 함께 약도를 꺼내 존에게 건네준다.

"자네와 더 많은 대화를 나누고 싶지만 나중으로 미루도록 하지. 워낙 스케줄이 밀려서 말이야."

"저야 물론, 괜찮습니다."

"이해해주니 고맙네. 그 대신 투자에 일가견이 있는 친구를 소개시켜 주도록 하지. 말을 잘 해놓을 테니 다음주 정도에 시간 되는 대로 만나 보도록 하게. 이 친구 필명은 아리스티포스라네. 기술적 분석만큼은 그를 따라잡을 자가 없으니 가서 그 진리를 얻길 바라겠네."

"감사합니다."

안티스는 갑자기 뭔가 생각이 났다는 듯 손뼉을 치며 존을 바라본다.

"아참, 그리고 그 사람 거주하는 집이 워낙 외진 곳에 있어서 찾기가 여간 곤혹스러운 일이 아닐 걸세. 충고하겠는데 아침 일찍 나서야 할 거야. 그러나 이런 어려움도 어떻게 보면 수행을 닦는 하나의 과정이라 볼 수 있으니 마다는 하지 마시게나."

안티스는 서랍 속에 둘둘 말려져 황금색 리본으로 묶여져 있는 종이를 꺼내 존에게 건네준다.

"그리고 이건 자네를 위해 특별히 준비한 선물이라네. 도움이 될만한 사항들이니 집에 가서 읽어보도록 하시게."

존은 침대에서 벌떡 일어나 안티스테네스가 적어준 쪽지를 책상 서랍 속에서 찾아낸다. 다시 한번 '쭉' 읽어본 뒤 '소크라테스와의 대화'라는 공책을 펴 천천히 옮겨 적기 시작한다.

기본적 분석은 이 세 가지만 파악해도 그 기업이 불량한지 우량한지 알 수 있다.

하나, 이익잉여금을 파악하라.
이익잉여금은 최근 5년간 증가하는 기업을 주목하라.

둘, 부채 감소여부를 파악하라.
부채가 3년 연속 감소하는 기업을 주목하라.

셋, 매출액이 증가되고 있는지 파악하라.
매출액이 최근 3년간 지속적으로 증가되고 있는지 주목하라.

기본적인 분석을 너무 의존해서는 안 된다. 단지 기본적 분석은 적절한 우량기업을 찾을 수 있게끔 도와주는 역할만을 할 뿐이라는 사실을 명심하기 바라며, 시의적절한 투자를 하기 위해서는 기술적 분석 역시 매우 중요하다는 사실을 잊지 말라!

존은 그가 준 종이를 조심스럽게 공책 사이에 다시 껴놓고 옷 뒷주머니에서 지갑을 꺼내 안티스가 건네준 명함을 본다.
"음. 드디어 내일이구만. 이 아리스라는 현인은 나에게 무슨 깨달음을 줄까?"

존은 눈을 지그시 감은 채 곰곰이 생각에 잠긴다.

나침반은 단지 방향만을 알려줄 뿐이다

　아직 한창 추운 겨울이지만 오후가 되자 따스한 빛이 대지를 밝게 비춘다. 존은 아직 쌀쌀한 꼭두새벽부터 집을 나섰지만, 옷을 몇 겹이나 껴입었는지 땀이 온몸에 비 오듯 했다.
　도대체 얼마나 찾아 헤맸을까? 그는 길을 묻고 물어 사람 한 명 보이지 않는 한적한 논밭까지 간신히 다다른다.
　날이 어둑해지자 더욱 힘을 내 길을 찾아야겠다고 마음먹은 존은 윗옷을 벗어 어깨에 걸쳐 메고 바지 주머니에서 약도를 꺼낸다. 아무리 찾아봐도 자기가 원하는 길은 나오지 않고 자꾸 이상한 길 쪽으로 헛돌기만 하자 은근히 부아가 치밀기 시작한다. 그는 이마에 맺힌 땀을 닦으며 다시 약도가 그려진 종이를 연신 쳐다본다. 그때 이마에 맺혔던 땀이 약도가 그려진 종이에 떨어지자 물감이 번진 것처럼 약도가 알아보기 어렵게 된다. 그는 더 이상 참지 못하고 신경질적으로 약도를 찢으며 불평이 가득한 목소리로 크게 소리 지른다.

"이런, 젠장, 어떻게 된 게 소크라테스 선생이 있는 건물보다 더 찾기가 어려워! 왜, 하필 좋은 데 다 내버려두고 이런 곳에 사는 거야. 소피스트 회원들은 원래 다 그 모양인가?"

이때 누군가가 뒤에서 큰소리로 외친다.

"거기 누구요. 왜 남의 소중한 논밭을 함부로 짓밟고 있는 거요!"

깜짝 놀라 존은 뒤를 돌아본다. 언제 빨았는지 모를 만큼 때가 누렇게 내려앉은 옷을 입고 긴 턱수염이 얼굴의 반을 가려 나이를 도무지 알 수 없는 자가 자기를 무섭게 노려보고 있다.

순간 그가 아리스티포스일지도 모른다는 생각이 스쳐 지나가자 고개를 숙이며 최대한 정중하게 사과한다.

"아. 정말 죄송하게 됐습니다. 초면에 실례가 되는 말인지는 알고 있지만 혹시, 아리스티포스 선생님이 아니신지요?"

그는 금세 환하게 웃는 얼굴로,

"그렇소만."

존은 기쁜 표정을 지으며 반갑게 인사를 한다.

"아, 예. 반갑습니다. 저는 존 마이클이라는 사람입니다."

아리스는 알고 있다는 듯 고개를 끄덕이며,

"처음 본 순간 알아봤습니다. 여기를 찾아올 사람이 당신밖에 더 있겠습니까? 당신이 조만간 올 줄 알고 며칠간 이 주변을 배회했었죠. 이렇게 운 좋게 만나서 다행입니다."

존은 머리를 긁적이며,

"아, 이렇게 저를 생각해 주셔서 감사합니다. 아리스 선생님."

"괜찮습니다. 어차피 심심하던 차에 잘된 일이죠."

아리스는 따라오라는 손짓을 한 뒤 앞장서서 발걸음을 옮긴다. 그렇게 논밭과 논밭 사이 흙담으로 에워진 작은 샛길을 한참 아무 말 없이 걷다가 중간쯤에 멈춰서더니 바로 옆 울창한 덩굴숲을 갑자기 손으로 파헤친다. 그리고 작은 개울가를 뛰어넘어 파헤친 덩굴숲으로 재빨리 들어가는 걸 본 존은 순간 자기가 왜 같은 길을 계속해서 맴돌았는지 확실히 깨닫게 된다.

풀을 밟아 자연스레 만들어진 길을 따라 그를 뒤쫓아 가보니 흙을 이용해 임시로 만든 작은 땅굴(?)이 눈앞에 보인다. 그는 어느새 장작더미 앞에 자리를 잡아 앉고는 가장자리에 흙과 모래를 손으로 모아 둘러가며 조그마한 흙담을 만든다. 이후, 동굴 안에서 짚과 흰 부싯돌을 꺼내 능숙한 솜씨로 마른 장작에 불씨를 만들어 불을 피운다. 그 후, 불이 어느 정도 살아나자 불이 주위에 번지지 않도록 재빠르게 흙벽을 더욱 높게 쌓는다. 존은 아리스의 이런 기이한 행동에 어이가 없었지만 내색하지 않고 조심스럽게 물어본다.

"저, 선생님! 왜 이런 고된 생활을 자처하시는지 물어봐도 되겠습니까?"

아리스는 웃으며 답한다.

"소크라테스 선생님의 가르침을 받고 내 자신을 고행하고자 이곳에서 잠시 머물고 있는 중이라오. 비록 몸은 춥고 힘들어도 정신은 아주 맑아지지요."

그의 말을 듣자 이런 기행들이 어느 정도 이해가 되는지 존은 고개를 끄덕였지만, 굳이 이렇게까지 해야 하는 아리스라는 인물에 대해서는 전혀 이해하지 못했다.

그는 한참을 말없이 불을 쬐고 있다가 존이 계속 서 있는 걸 보자 옆에 앉으라는 손짓과 함께 엉뚱한 질문을 던진다.

"〈야생마를 길들이면 다른 말을 길들이기는 쉽다〉라는 말을 혹시 들어보셨는지요?"

"예? 그게 무슨 말씀이신지."

아리스는 당황하는 존의 반응에 신경 쓰지 않고 말을 이어 간다.

"존 마이클 씨는 저한테 기술적 분석에 대해 한수 가르침을 받으려고 오신 것은 아닌가요?"

"예. 맞습니다만. 말과 기술적 분석이 무슨 상관이 있는지?"

"기술적 분석에 대해 알고 싶다면 〈야생마를 길들이면 다른 말을 길들이기는 쉽다〉라는 것에 대해 곰곰이 생각해 봐야 할 것입니다."

아리스는 의미심장한 미소를 지으며,

"참고로 저희 소크라테스 선생님께서 제게 일깨워주신 말이기도 하지요."

존은 이 말을 듣자 역시 그 스승에 그 제자라는 생각이 잠깐 들며 속으로 피식 웃는다.

시간이 얼마나 지났을까? 존은 도저히 답이 안나온다는 듯한 표정으로 머리를 움켜잡는다. 아리스는 이 모습을 한동안 지켜 보다가 더 이상 안 되겠는지 굳게 닫혔던 입을 연다.

"날이 더 어두워지면 여기서 하룻밤을 지낼 수밖에 없을 테고 그렇게 되면 당신 일정에도 차질이 생길 테니 내 정답을 알려 드리리다."

존은 기다렸다는 듯,

"감사합니다. 아리스 선생님."

아리스는 크게 한숨을 내쉬더니 열변을 토해내기 시작한다.

"여기서 야생마의 의미는, 당신도 익히 들어 봤음직한 캔들,

이평선, 거래량 즉, 원형原型지표를 뜻합니다. 처음엔 캔들, 이평선, 거래량을 보면 야생마처럼 제멋대로 움직이는 것 같아 손쓸 수 없을 것처럼 보이지만 패턴을 오랜 기간 동안 분석하고 연구하면서 자기 식에 맞게 길들이다보면 어느 정도 일정한 패턴이 반복적으로 발생한다는 것을 깨닫게 되고 자기가 좋아하는 패턴까지 찾을 수 있게 되지요. 하지만 이 정도의 경지까지 오르기 위해서는 수없이 많은 시행착오와 실패를 겪어야만 가능합니다."

아리스는 잠시 말을 멈춘 채 장작불에 땔나무를 더 넣는다. 존은 그가 불을 지피는 모습을 유심히 지켜보다가 조심스럽게 입을 연다.

"야생마를 길들인다는 뜻에 대해서는 이제 대강 이해했습니다. 그렇다면 다른 말을 길들이기 쉽다는 건 무슨 의미지요?"

아리스는 한동안 말없이 장작불을 쬐다가 천천히 입을 연다.

"다른 말이 의미하는 바는, 쉽게 말해 원형지표에서 파생되어 만들어진 보조지표를 뜻합니다. 즉, 야생마에 해당하는 캔들, 이평선, 거래량에 대해 확실히 알고 활용이 가능하다면 그까짓 보조지표쯤이야 쉽게 분석이 가능하다는 말이 되죠. 보조지표가 만들진 원리만 알면 쉽게 파악이 가능하니까요. 그러나 어떤 보조지표는 매우 복잡하게 구현되어 있어 해당 원리를 안다 해도 이해가 되지 않는 경우도 간혹 있습니다. 그런 지표들은 아예 무시하는 편이 좋을 겁니다. 어차피 이해가 어려운 보조지표라면 자신에게는 그만큼 쓸모없는 지표에 불과하니까요. 훌륭한 보조지표는 이해하기 쉽고 많은 사람들이 활용하는 지표라는 점을 잊지 말아주세요."

존은 의아한 듯 반문한다.

"많은 사람들이 활용하고 있다는 건 속임형 패턴이 많다는 뜻 아닙니까?"

아리스는 미소를 지으며,

"네. 당신 말이 맞습니다. 많은 사람들이 활용한다는 건 속임형 패턴이 많이 발생한다는 뜻도 되지만, 잘만 이용한다면 최고의 투자기술로 변모할 수도 있다는 말이 되지요."

"그게 무슨 말씀이신지?"

"제가 하는 말을 끝까지 듣다보면 아시게 될 테니 너무 조급해 하지는 마세요."

그의 말에 뜨끔했는지 존은 입을 꼭 다문 채 고개만 끄덕인다. 잠시 어색한 분위기가 흐르자 아리스는 화제를 돌린다.

"돈을 버는 대부분의 투자가들은 자기가 좋아하거나 가장 자신 있어 하는 자기만의 투자 패턴이 최소 몇 개씩은 있답니다. 즉, 이런 패턴들을 집중적으로 매매해 수익을 올리는 경우가 많다는 말이 되기도 합니다. 저 역시 마찬가지입니다. 다만, 캔들과 이평선 그리고 거래량의 움직임만으로 상승잠재력이 높은 수많은 주식들을 찾아낸 후, 그중에서 좋아하는 패턴을 가진 주식을 다시 선별해낸 뒤 해당 주식만을 집중적으로 공략한다는 것이 남들과 약간이나마 차별화된 점이라 할 수 있죠. 그러나 그렇게 매매를 한다고 해서 항상 수익을 낸다는 보장은 없습니다. 하지만, 잘 모르는 패턴에서 매매를 하는 것보다는 수익발생 확률이 훨씬 높죠."

존은 묻는다.

"선생님께서는 모든 보조지표를 무시하고 캔들과 이평선, 거래량만 보신다 이 말씀입니까?"

"그렇다고 볼 수 있지요."

존은 의아해 하며,

"그게 가능한가요?"

아리스는 동굴 안으로 잠시 들어가더니 두꺼운 책자를 가져온다.

"물론 충분히 가능합니다. 못 믿겠다면 캔들과 이평선, 거래량에 대해 쉬운 예를 몇 가지 들어보도록 하겠습니다."

아리스는 두꺼운 책장을 몇 장 넘기다가 일정한 페이지에 한 부분을 손으로 가리키자 존은 눈을 크게 뜨고 바라본다.

"당신도 투자에 대해선 어느 정도 일가견이 있으실 테니 이

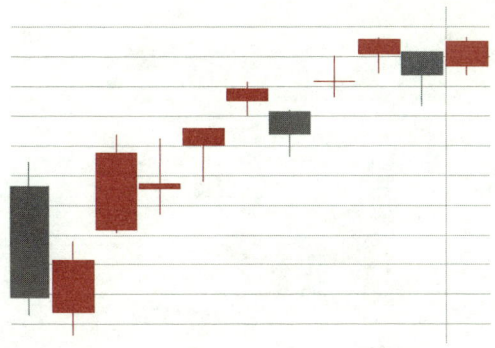

차트를 한번 분석해 보시겠습니까?"

존은 차트를 곰곰이 살펴보다가 도저히 이해가 가지 않는다는 듯 반문한다.

"그냥 마구잡이로 움직이는 것 같은데요. 솔직히 캔들만 가지고 분석하라고 하는 것은 무리가 있다고 봅니다."

아리스는 고개를 강하게 내저으며 말한다.

"당신이 하는 말은 틀렸습니다. 캔들에는 수많은 의미가 내포되어 있습니다. 캔들만 가지고 상승 에너지가 강한지 하락 에너지가 강한지 어느 정도 파악해낼 수가 있어야 다른 지표들을 효과적으로 응용하실 수 있습니다. 캔들은 대부분의 지표가 생성되는 근원지라 볼 수 있으니까요."

아리스는 책장을 한 장 넘기며 말을 계속한다.

"그렇다면 캔들만을 이용해 분석한 차트 사례를 한 가지 보여

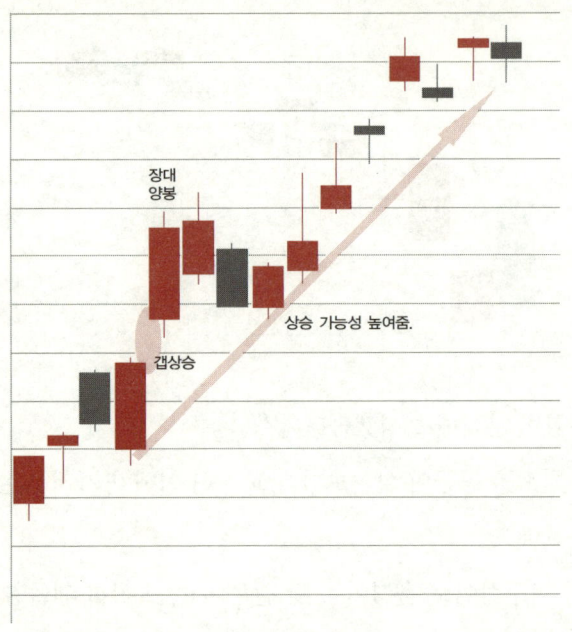

드리도록 하겠습니다."

"이제는 어떻습니까? 감이 잡히시나요."

존은 의아해 하며,

"예. 조금은 알 것 같습니다. 갭상승하며 동시에 장대양봉이 발생할 경우 상승 에너지를 높여준다 이 말이군요. 그렇다면 이에 대한 근거가 어떻게 되는지 알고 싶습니다."

아리스는 고개를 내저으며,

"정확한 근거는 없습니다. 단지 추측에 불과합니다."

존은 반문한다.

"그렇게 따진다면 차라리 차트를 보지 않는 편이 더 현명하지 않나요? 미래는 그 누구도 알 수 없으니까요."

아리스는 수긍한다는 듯 고개를 끄덕이며 말한다.

"당신 말이 맞습니다. 하지만 반드시 알아둬야 할 점은, 차트는 단지 방향만을 제시해줄 뿐, 모든 것을 말해주지는 않는다는 점입니다."

"예. 그건 안티스 선생님께 들은 바 있습니다."

아리스는 잠시 생각을 하더니 천천히 말문을 연다.

"중요하기에 제가 다시 한번 말씀드리도록 하죠. 항해를 할 때 나침반이 모든 것을 말해주지 않는다는 것은 삼척동자라도 알고 있는 사실입니다. 그러므로 나침반에 모든 기대를 걸고 항해를 하는 무모한 짓은 당연히 하지 않겠죠. 하지만 차트에 모든 기대를 걸고 투자하는 분들은 많습니다. 차트는 단지 나침반처럼 방향만을 일러줄 뿐 모든 것을 알려주지는 않는다는 점을 확실히 인지하신다면 차트를 통해 실망하는 일도 없을 뿐더러 배척하는 일도 없을 겁니다. 또한 차트 이외에 어떠한 투자기술을 쓰던지 간에 당신이 말한 것처럼 미래는 그 누구도 알 수 없기 때문에 투자를 할 경우 항상 방어적인 투자자세로 임해야 된다는 점을 잊지 마세요. 그렇다면 이제 캔들에다 이평선을 집어넣어 상승 에너지가 강한지 하락 에너지가 강한지 파악해 보도록 합시다."

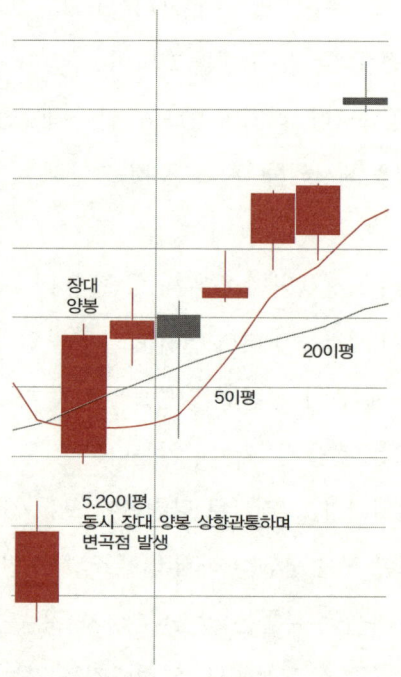

아리스는 말을 이어간다.

"자, 이 차트를 한번 보세요. 장대양봉이 5, 2 이평선을 동시에 상향 관통하며 상승 에너지가 점차 강화되고 있는 패턴입니다."

존은 차트를 유심히 살펴보며 말한다.

"음, 그렇군요."

아리스는 다음 장을 천천히 넘기며 강한 어조로 말한다.

"매우 중요한 패턴이라 볼 수 있기 때문에 이런 비슷한 유형을 다시 보여드리도록 하죠."

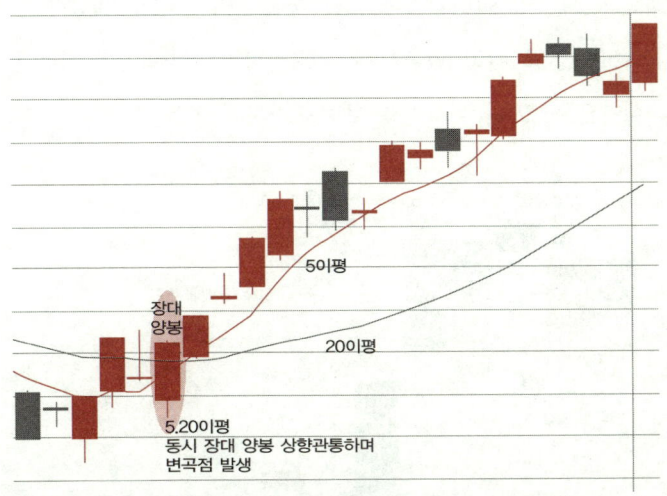

"이제 뭔가 확실하게 감이 잡히시나요?"

존은 은근히 그를 떠볼 요량으로,

"예. 이제 대강은 알 것 같습니다. 이러한 패턴이 발생한다면 상승으로 갈 가능성이 높기 때문에 무조건 매수에 임해도 괜찮다는 말씀 아니신가요?"

아리스는 강하게 고개를 흔들며 말한다.

"당신이 말한 무조건적인 매수 시점이라는 표현은 잘못 되었군요. 이 역시 조금 전에 말씀드렸다시피 방어적인 시점에서 신중하게 접근해야 된다는 점을 다시 한번 강조하고 싶습니다. 속임형도 많으니까요. 만약, 속임형이라 분석되었을 경우 미련 없이 팔고 나와야 됩니다. 저는 이 속임형의 기준을 해당 매수 시점의 50%룰로 잡고 있습니다. 제가 지금부터 속임형이라 판단 후 실제로 팔고 나온 사례를 보여드리도록 하죠."

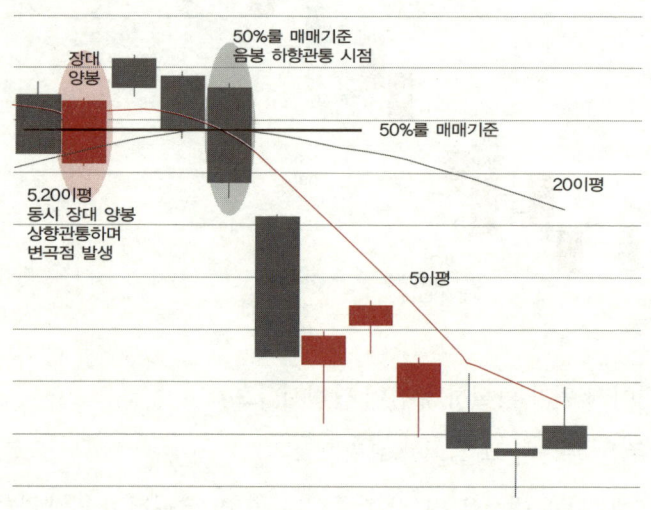

"앞에 있는 패턴과 같이 장대양봉이 5, 20 이평을 동시에 상향 관통하며 상승 기운을 높이고 있다는 판단이 들자 해당 주식을 과감하게 매수하였습니다. 하지만 얼마 안 가 음봉 몸통이 50%룰을 하향 관통시키며, 속임형 패턴 가능성을 높여주더군요. 그래서 약간의 손실을 본 채 미련 없이 팔아 버렸죠. 그 후, 엄청나게 하락하는 것을 보고 가슴을 쓸어내린 적이 있습니다."

존은 뭐가 그렇게 다급했는지 아리스의 말이 끝나기가 무섭게 질문한다.

"선생님께서는 거래량도 함께 보신다고 하셨는데 거래량 분석에 대한 사례는 언제쯤 볼 수 있을까요?"

아리스는 웃으며,

"지금 보려던 참이었습니다. 다음 장을 한번 보도록 하죠."

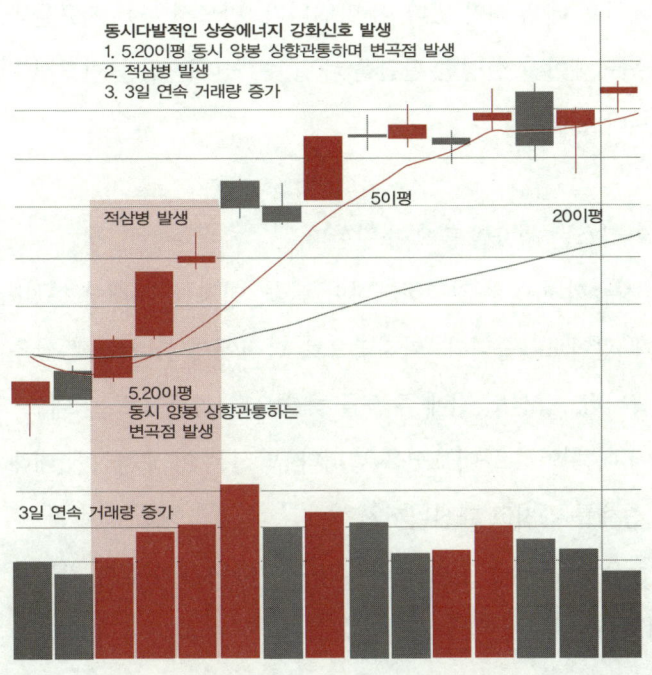

"거래량이 우리에게 주는 의미는 거래량 증감 여부에 따라 투자자의 심리 상태를 파악할 수 있다는 겁니다. 경우에 따라선 주가의 움직임보다 거래량이 먼저 앞서나가며 좋은 먹이감을 가져다 주기도 하죠. 여기서 결정적인 건 거래량이 3일 연속 증가되는 시점을 찾아보라는 겁니다. 그러나 반드시 잊지 말아야 할 점은 거래량이 증가한다는 건 투자자들이 지속적으로 유입된다는 증거가 될 수 있지만 투자자 유출도 될 수 있는 야누스적인 성향을 가지고 있다는 거죠. 즉, 바꿔 말하자면 거래량 지표만으로는 매매하는 데 무리가 있다 이 말입니다. 반드시 다른 지표들과 함께 판단해야만 현명한 판단을 내릴 수 있다는 점을 반드시 기억하셔야 됩니다."

아리스는 책자를 덮으며 말한다.

"지금까지 아주 간단하게나마 캔들, 이평선, 거래량 분석법에 대해 알아보았습니다. 마지막으로 당신에게 하나 묻고 싶은 게 있습니다. 당신도 전에 투자를 해봤으니 골든크로스, 데드크로스에 대해 익히 들어보셨을 겁니다. 당신은 이 교차점에 대해 어떤 견해를 가지고 계십니까?"

존은 이런 말을 한다는 자체가 우습다는 듯 물음에 가볍게 답한다.

"당연히 골든크로스가 발생하면 상승으로 갈 가능성이 높고, 데드 크로스가 발생하면 하락으로 전환될 가능성이 높은 거 아닙니까!"

아리스는 그의 말을 듣고 뭔가를 신중히 생각하더니 입을 연다.

"골든크로스가 발생하면 상승할 가능성이 높고, 데드크로스가 발생하면 하락할 가능성이 높다는 건 누구나 알고 있는 일반적인 상식들입니다. 일반적인 상식이라는 건 역으로 이용당할 가능성이 높다는 것을 뜻하기도 합니다. 물론 장 상황이 좋다면야 상관없지만 저는 모든 기술적 분석에서 골든크로스, 데드크로스를 배제하고 보는 경우가 많습니다. 장 상황이 조금이라도 좋지 않다면 골든, 데드를 이용해 오히려 팔고 나오는 중생들이 더 많으니까요. 한마디로 이 교차점이 우리에게 정직하게 말해주는 경우보다 속이는 일이 더 많다 것을 기억하셔야 됩니다."

아리스는 숨을 한번 크게 들어 내쉬고는 말을 계속 이어간다.

"그러나… 잘 맞아 떨어지는 경우도 의외로 많기 때문에 아예 무시하기도 힘들죠. 누구나 알고 있는 일반적인 상식을 제대로 활용하는 가장 좋은 방법은 그런 상식들을 자기 식에 맞게 걸러내어 분석할 줄 아는 요령과 다른 투자기술들과 복합적으로 접목시켜 분석하는 방법을 터득해야 된다는 점, 그리고 무엇보다 중요한 것은 수많은 노력과 시행착오를 겪으며 자기만의 투자기술을 지속적으로 발전시켜야 된다는 점을 잊지 말아 주세요."

아리스는 하품을 크게 한번 하더니 동굴 안으로 천천히 들어가며 말한다.

"제가 당신에게 해줄 수 있는 말은 여기까지입니다. 이제 피곤하군요. 내일이면 다른 곳으로 고행을 떠나야 하기 때문에 일찍 잠을 청해야 되겠습니다. 몇 개월 뒤에 이런 생활을 완전히 청산하고 세상으로 내려갈 생각입니다. 그때 한번 보도록 하죠."

아리스는 동굴 안을 한참 뒤지더니 시꺼멓게 때가 탄 테이프를 그에게 건네준다.

"아참, 이건 저의 육성테이프입니다. 몇 년 전 혹시나 해서 녹음시켜두었던 것이죠. 이제 이 테이프의 주인은 저보다 당신이 적합하다고 생각되어지는군요. 시간 있을 때 한번 들어보세요. 분명 도움이 되실 겁니다."

밤늦게 기숙사로 돌아온 존은 테이프의 내용이 궁금했는지 재빨리 틀어본다. 한참 "지지직" 거리더니 아리스의 육성이 담긴 목소리가 들리기 시작한다.

"아~, 아~, 듣고 있는가. 미래의 아리스여, 현재 자네는 슬럼프를 겪고 있는가? 그렇다면, 지금부터 내가 묻는 말을 잘 듣고 성실하게 답하므로써 이에 대한 해결책을 모색하기 바란다.

첫째, 리스크관리사항을 다시 한번 점검해라.

● 손실율이 그전에 비해 얼마나 더 커졌는가?
손실이 커졌다면 손절매를 잘하고 있는지 살펴라.

● 투자 관심사항은 수익인가 아니면 생존인가?
수익이라면 마음속에 욕심이 들어찼는지 살펴라.

● 지금 감정상태는 어떠한가?
손실이 발생하건 수익이 발생하건 불안한 감정이 시도 때도 없이 자주 엄습해 온다면 당분간 투자를 하지 말고 재충전의 시간을 가져라.

둘째, 자기만의 투자 기술을 점검해라.

● 투자공부를 게을리 하고 있지는 않는가?
게을리 하고 있다면 지금 자네의 관심사항은 무엇인가? 만약 투자보다 더 중요한 사항이라면 투자를 하지 말고 그 일에 집중하는 편이 더 낳을 것이다.

● 자기만의 투자기술이 너무 폐쇄적이지 않는가?

자기만의 투자기술이 시장과 동떨어져 있지 않은지 냉정하게 판단해 봐라. 잘 모르겠다면 '지금 활용하고 있는 투자기술로 수익을 내고 있는가? 아니면 이 투자기술을 이용해 적어도 생존이 가능한가?'를 냉정하게 생각해 봐라.

셋째, 패턴이 너무 불규칙하다고 생각되어지는가?

● 지금이 무슨 장인지 파악이 되는가?

만일 지금이 대세 하락장이라면 당연이 패턴이 불규칙할 것이다. 이때는 투자하지 말고 쉬어라.

● 지금이 횡보장이라면 장 상황을 살펴라.

횡보장 역시 대세 하락장만큼은 아니겠지만 패턴이 불규칙한 건 마찬가지이므로 자신의 투자기술을 객관적으로 판단하고 매매할지를 심사숙고해라.

● 천정권인지를 살펴라.

지금 천정권이라면 필시 하락으로 가기 위한 마지막 상승과정에 있거나, 적게 상승하고 크게 하락하며 하락 횡보를 하고 있을 것이다. 이때를 조심해라.

지혜의 첫걸음

고된 하루일과를 마치고 기숙사에 돌아온 존은 피곤한 모양인지 침대에 풀썩 주저앉더니 금세 잠이 든다. 얼마간의 시간이 지난 후 전화 벨소리가 시끄럽게 울리며 단잠에 빠져 있는 존을 깨운다.

"아이, 도대체 누구야!"

그는 누운 채로 손을 책상 위로 쭉 뻗어 전화기를 찾은 다음 신경질적으로 수화기를 귀에다가 갖다 댄다.

"나, 잭이오."

존은 깜짝 놀라며 벌떡 일어난다.

"아, 예. 사장님!"

"음. 당신을 보러 누군가가 내 사무실로 찾아왔소."

존은 조심스럽게 말한다.

"혹시, 누구?"

"와보면 알거요."

잭은 짤막하게 답하고는 전화를 끊는다. 어느 때보다도 퉁명스럽고 냉담한 그의 목소리를 듣자 존은 의아해하며 속으로 생각한다.

"누구지. 찾아올 사람이 없는데. 이 시간에 지점장님께서 올 리는 없겠고 그렇다면 혹시…?"

몇 달 전 사채업자에게 쫓기며 죽을 고생을 했던 일들이 스쳐지나가자 마음이 불안해진다.

"아무리 생각해봐도 이건 필시!"

그는 다급하게 짐을 꾸리기 시작한다. 짐을 반 정도 꾸릴 때쯤 얼마 전 자신과 한 약속이 불현듯 생각나자 짐 가방을 내던지며 큰소리로 외친다.

"당당하게 살자고 한 적이 언젠데. 차라리 죽을지언정 비겁하게 살지는 말자."

존은 힘없이 고개를 흔들며 속으로 생각한다.

'아니, 이제 더 이상 도망갈 힘이 없다는 표현이 좀 더 정확하겠지.'

그는 비장한 각오로 힘차게 발걸음을 옮긴다. 어느새 사장실 문 앞까지 다다르자 각오와는 달리 뛰는 심장을 주체하지 못하고 안절부절한다. 그러나 뭔가 다시 결심한 듯 한숨을 크게 몇 번 내쉬고는 천천히 노크를 한다.

"예, 들어오세요!"

'그래. 될 대로 되라. 쥐도 새도 모르게 죽는 것보다는 여기서 맞아 죽는 게 훨씬 낫지!'

두 눈을 질끈 감은 채 활짝 문을 연다. 존은 순간적으로 눈을 감고 그 자리에 석고상처럼 서 있다. 그러나 한참을 그렇게 있어도 아무 일도 일어나지 않자 뭔가 이상했는지 슬쩍 눈을 떠본다.

"아니! 소크라테스 선생님!"

존은 경악한다.

잭은 그가 하는 행동을 한참동안 지켜보다가 잠시 껄껄 웃더니 사무실 벽에 걸려 있는 스케줄표를 힐끗 쳐다본다.

"그럼 천천히 말씀들 나누세요. 현장을 좀 둘러보고 와야겠습니다."

소크라테스는 잭이 나가는 걸 보고 존에게 말을 건넨다.

"그래 일은 할만한가?"

존은 놀란 가슴을 쓸어내리며 말한다.

"예. 할만은 합니다만 저를 보러 이렇게 멀리까지 오실 줄은 꿈에도 몰랐습니다."

소크라테스는 말한다.

"이 회사 사장과 약속도 있고 겸사겸사 자네도 볼 겸해서 왔네."

"잭 사장님과도 잘 아는 사이십니까?"

소크라테스는 고개를 끄덕거리고는 화제를 슬며시 돌린다.

"그건 그렇고 다음주에 시간 좀 내줘야 되겠어. 미국에서 나와 절친한 거물 한 명이 오거든. 그 거물을 소개시켜 주도록 하겠네."

존은 송구스러워하며,

"근데 왜. 저 같은 사람을 그분에게…."

소크라테스는 당연하다는 듯이,

"벌써 잊었는가? 자네와 한 약속을 지키기 위해서야. 분명 내 입으로 투자 거물들을 소개시켜 준다고 말하지 않았는가!"

소크라테스는 진지한 표정을 지은 채로 그에게 묻는다.

"자네는 지금껏 나에게 그리고 몇 명의 현인들에게 투자의 가르침을 받았을 것이네. 이제 뭘 좀 알겠는가?"

존은 잠시 생각하더니 풀이 죽은 목소리로 힘없이 대답한다.

"아직은, 잘 모르겠습니다."

"모르겠다고? 그렇다면 지금까지 헛고생만 했다 이 말인가?"

"죄, 죄송합니다."

그의 솔직한 답변에 소크라테스는 만족스런 표정을 지으며,

"하하. 괜찮네. 지혜를 얻는 첫걸음은 모르는 것을 모른다고 말하는 용기라네. 즉, 현재의 자네는 막 걸음마를 뗀 상태라 볼 수 있지."

존은 선뜻 이해가 되지 않는지 되묻는다.

"예? 그게 무슨 말씀인지."

소크라테스는 가슴을 두드리며,

"아. 답답한 친구 같으니. 모르는 것을 안다고 자기 자신을 속이는 것보다는 모르는 것을 모른다고 생각하는, 바로 그 조그만 점이 자네를 성장시키는 원동력이 된다 이 말일세."

뭔가 다급한 일이 있는 모양인지 소크라테스는 연신 시계를 쳐다보며,

"자네와 더 많은 대화를 나누고 싶지만 아쉽게도 시간이 허락하지 않는구만."

소크라테스는 양복 안쪽 주머니에서 수첩과 펜을 꺼내 구체적인 장소와 날짜, 시간을 자세히 적어 존에게 건넨 뒤 자리에서 일어난다.

"그럼, 이만 가보겠네. 나중에 보세나."

... 라티움 호텔 산하 레스토랑

"어서 오게, 존! 때마침 잘 와주었네."

최고급 정장으로 멋지게 차려입은 소크라테스는 그를 반갑게 맞으며 건너편에 앉아 있는 중년의 신사를 소개한다.

"이 분이 바로 에우클리데스라네."

존은 그의 귀족적인 생김새와 카리스마 넘치는 강렬한 눈빛에 억눌려 말을 더듬는다.

"아, 안녕하십니…까. 존입니다."

그는 최대한 정중하게 인사를 올린다. 에우클리데스는 존을 슬쩍 보더니 마음에 들지 않는 모양인지 고개만 까닥거린 뒤 시선을 다른 곳으로 돌린다.

존이 무겁고 딱딱한 분위기에 앉지도 못하고 계속 서서 어정쩡한 표정으로 난처해하자 소크라테스는 긴장을 풀어주려 농담조로 말을 건넨다.

"이 사람아. 그러다가 다리 부러지겠네. 어여 이리 와 앉게."

존은 무안해하며 마지못해 자리에 앉는다.

곧 이어 스테이크가 나오자 소크라테스는 기다렸다는 듯 육질을 음미하며 먹기 시작한다.

"존, 자네도 먹게."

"예. 알겠습니다."

소크라테스는 식사를 하며 에우클리데스와 한참동안 허물없는 대화를 나눈다. 존은 아무 말 없이 그들이 하는 얘기를 듣기만 한다. 그 후에도 에우클리데스와 한참동안 담소를 나누다가 갑작스럽게 외마디 함성을 지르더니 자리에서 일어난다.

"아참, 주책없이 시간을 너무 많이 잡아먹었구만. 난 여기서 빠져야 되겠네. 자네들끼리 얘기 나누게."

존은 만류하며,

"저 때문에 그러시는 거라면 괜찮습니다."

"아니네. 오늘 중요한 인사와 약속이 잡혀져 있어서 안 그래도 지금 가려던 차였네."

소크라테스는 눈을 찡긋거리며,

"에우 선생 그럼 못다 한 얘기는 나중으로 미루도록 하십시다."

정중하게 에우클리데스는 말을 받는다.

"예. 그럼 내일 시간 나는 대로 선생님 사무실로 찾아뵙겠습니다."

소크라테스가 살짝 고개를 끄덕이고 유유히 문밖으로 사라지자 에우클리데스는 퉁명스럽게 존에게 말을 건넨다.

"그래. 나에게 무슨 가르침을 받고 싶은 건가?"

존은 말투가 은근히 거슬렸지만 최대한 예의를 갖춰 말을 받는다.

"예. 선생님께 투자 가르침을 한수 배우고 싶습니다."

에우클리데스는 시큰둥한 표정으로,

"그래! 그럼 한수 가르쳐 주도록 하지."

"예. 감사합니다."

에우클리데스는 신경질적으로,

"그럼 뭐부터 시작할까?"

존은 아무리 생각해도 이상했는지,

"혹시. 무슨 일 때문에 그러시는지 잘 모르겠지만 저 때문에 기분이 언짢으신 거라면 대단히 송구스럽게 생각합니다."

애써 태연한 척 에우클리데스는 말한다.

"아니네. 요새 컨디션이 좋지 않아서 그래. 자네가 좀 이해해 주게."

존은 온화한 미소를 지어보내며,

"아, 그런 거였군요. 저는 물론 괜찮습니다."

에우클리데스는 긴 한숨을 내쉬고는 포도주를 천천히 마신 뒤에 말을 이어간다.

"그런데 말야. 자네는 내가 무슨 일을 하고 있는지 알고는 왔는가?"

존은 그의 뜬금없는 질문에 다소 당혹스러웠지만 내색하지 않고 최대한 조심스럽게 말을 받는다.

"정확히는 모릅니다만 수많은 기업체를 이끌고 계신 걸로 알고 있습니다."

"음. 자네가 말한 이끌다는 표현은 나에겐 왠지 어울리지 않는 말 같군. 경영은 직접 하고 있지는 않으니까 말야. 단지, 수많은 유망 기업체를 찾아내 투자를 하고 이익을 창출하는 일을 전문적으로 하고 있을 뿐이라네. 특히, 주식이라는 상품을 적극적으로 운용해 많은 이익을 거두고 있지. 한국이라는 나라에서만 주식으로 수백 억이라는 이익을 얻고 있으니까 말야."

존은 내심 감탄하며 고개를 끄덕인다.

에우클리데스는 조금 전과는 달리 차분하게 말을 이어나간다.

"쓸데없는 말은 이제 그만 하기로 하고, 자네가 그토록 알고 싶어 하는 투자 비법에 대해 간단히 알려주도록 하지."

존은 정중하게 고개를 숙인 뒤 그가 하는 말을 놓치지 않기 위해 미리 수첩과 펜을 꺼낸다. 에우클리데스는 진지하고 침착한 표정으로 그를 유난히 뚫어지게 쳐다보며 말을 시작한다.

"일단, 수많은 기업들 중에 내재가치가 우량한 기업을 우선적으로 골라낸다네. 그리고 나서 매출이 지속적으로 증가하는지 살펴보지. 내가 제일 싫어하는 기업 특성 중에 하나가 매출이 불규칙하거나 지속적으로 하향하는 것들일세. 좀더 솔직히 말하자면 그런 기업들은 한 트럭을 갖다 준다 해도 갖기 싫네. 내가 가장 좋아하는 기업은 매출이 지속적으로 증가하고 브랜드 파워가 막강한 기업, 또는 해당 분야의 일인자 자리를 차지하고 있는 기업, 그리고 주가가 상당히 높은 수준에 있는 기업이면서 장기적으로 꾸준히 저점과 고점을 높이는 기업을 좋아한다네. 그런 기업들은 경험상 장기적인 주가 탄력성이 매우 좋다고 볼 수 있지. 여기까지만 알아도 투자할 만한 기업인지 아닌지 가려내는 데 아무런 지장이 없을 것이네. 그러고 보니 시간이 벌써 이렇게 됐구만. 이제 가봐야겠네."

존은 무척 아쉬웠지만 애써 미소를 지어보내며,

"예. 그럼 할 수 없지요."

"자네 집이 어딘가? 내가 데려다 주겠네."

존은 극구 사양하며,

"아닙니다. 괜찮습니다."

"아직 자네에게 하고 싶은 말이 남아 있어서 그러네."

에우클리데스는 존을 이끌고 호텔 문 밖으로 나간다.

"잠시 기다리고 있게."

그는 유유히 어디론가 사라진다.

몇 분 뒤, 3단으로 이어진 검은 리무진이 천천히 오더니 존이

서 있는 자리 앞에 멈춘다.

천천히 검은 차창이 열리며,

"어서 타게."

에우클리데스는 자기가 탄 뒷좌석의 문을 직접 열어주고 자기 자신은 옆자리로 자리를 옮겨 존이 탈 수 있게 배려한다.

"감사합니다."

존이 타자 에우클리데스는 묻는다.

"자네 집이 어딘가?"

존은 최대한 정중한 말투로,

"예. PE사 기숙사에서 머물고 있습니다."

에우클리데스는 고개를 끄덕거리며,

"음. 가까운 곳에 있구만."

"김 기사, PE사로 가줘요."

"예. 회장님"

존은 놀란 듯,

"혹시, PE사라는 회사를 아십니까?"

"음, 그렇다고 볼 수 있지. 내가 적극적으로 투자하고 있는 업체 중 하나니까 말야."

에우클리데스는 뒷좌석 주머니에서 조그마한 노트북을 꺼내 모니터를 켠 뒤 존에게 보여준다.

"이 차트는 내가 투자하고 있는 업체들의 외국인 지분 변동흐름일세. 파란색 선은 외국인 지분율을 뜻하며, 빨강색 선은 주가를 뜻하네. 어떤가, 주가 흐름과 외국인 지분율과의 관계가 확연히 드러나지 않는가?"

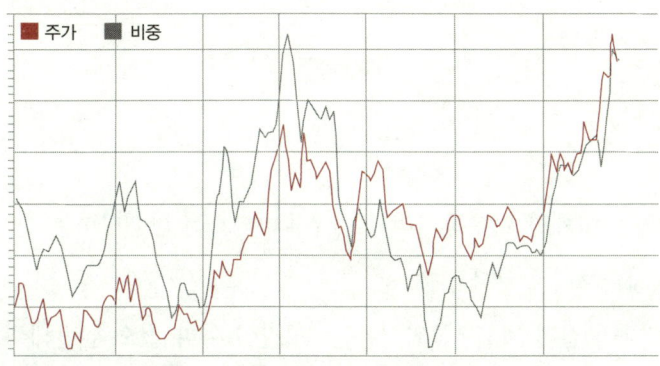

존은 그래프를 유심히 보며 답한다.

"예. 언뜻 보니 주가와 외국인 지분율 변동 흐름이 유사하게 움직이는 게 눈에 보이네요."

"그렇다면 자네는 이 차트가 무엇을 의미하는 것 같나?"

존은 당황하며,

"잘 모르겠습니다."

"그럼 이 차트는 어떤가?"

존은 심각하게 고민은 해보지만 도저히 생각이 나지 않는 모

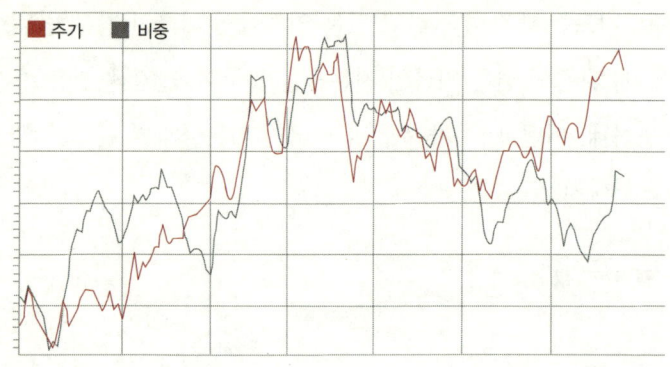

양인지 고개만 갸우뚱거리자 에우클리데스는 한심하다는 듯 그를 쳐다보며 말한다.

"자네 집에 거의 다 와가는군. 시간이 얼마 없으니 말해주도록 하겠네. 외국인 지분율과 주가의 흐름은 상호 보완적인 관계에 있다고 볼 수 있지. 외국인 지분율이 늘어나면 주가 역시 안정적으로 상승할 가능성이 높고, 이와 반대로 외국인 지분율이 줄어들면 주가는 점차 떨어질 가능성이 매우 높다네. 한 가지 더 중요한 점은 외국인 지분율이 높은 주식은 대체적으로 주가가 급작스럽게 빠지는 경우가 거의 없다는 것일세. 크게 떨어지더라도 반드시 하락 징후를 보인 다음 본격적으로 떨어지는 경우가 많다는 것을 기억하게나. 즉, 주가 폭락의 1차 징후라고도 볼 수 있는 외국인 지분율이 급격하게 줄어드는 현상을 조심해야 된다 이 말일세. 외국인 지분율이 급격하게 줄어든다는 것은 결코 좋은 일이 아니거든! 그럼 잘 가시게나. 인연이 있으면 다시 만날 수 있겠지."

... 소크라테스의 사무실

소크라테스는 에우클리데스를 보며 짐짓 화가 난 말투로,
"어제 존이라는 친구한테 왜 그렇게 무정하게 대했는가? 자네답지 못한 처사였네."
에우클리데스는 이해가 가지 않는다는 듯,
"선생님. 부탁도 있고 해서 제가 가진 투자 비법 일부를 알려주긴 했습니다, 왜? 그런 젊은이를 도와주고 계신지 도무지 이해가 안 갑니다."
소크라테스는 짐짓 모르고 있는 것 마냥 반문한다.
"그게 무슨 말인가?"
에우클리데스는 심각한 표정으로 말을 받는다.
"그 존이라는 친구, 관상을 보아 하니 은인을 배반하고 뒤에서 칼을 꽂기까지 하는 매우 사악한 상相이었습니다. 나중에 소크라테스 선생님께 무슨 변고가 있을지 심히 염려됩니다."
소크라테스는 의미심장한 미소를 지어보내며 말한다.

"자네 말처럼 그는 실로 흉악함으로 가득 차 있네. 단지 밖으로 표출되지 않았을 뿐이지. 그러나 그런 사람일수록 잘만 성장한다면 최고의 인재가 될 수 있는 법이라네. 내가 잘 이끌어서 그렇게 만들 것이니 두고 보게나!"

성공으로 가는 또 하나의 씨앗

... 컨테이너 박스 안

한쪽 손에는 서류철을 들고 한쪽 손으로는 물건을 뒤적거리며 부지런히 재고장부를 적어내려 간다. 잠시 후, 존은 이상한 점을 몇 군데 발견해 내고는 의아해 하며 자세히 살펴본다. 그렇게 한참을 뚫어지게 쳐다보다 이내 장부에 심각한 문제가 있다는 사실을 눈치 채게 된다.

다음날 이른 새벽,
몰래 기숙사를 빠져나온 존은 재고관리 부서로 재빨리 발걸음을 옮긴다. 그리고 서랍장 안에서 열쇠를 꺼내 장부파일을 열람한다.

존은 그 전에 작성되었던 재고장부를 한 장씩 천천히 넘겨본다. 거의 중간 무렵까지 넘겼을까? 재고 수량 부분에서 아주 심각한 오류를 발견해 내고는 회심의 미소를 지으며 뭔가를 열심히 적기 시작한다. 그리고 적은 쪽지를 흰 봉투에 조심스레 집어넣고는 손에 꼭 쥔 채로 천천히 어딘가로 걸음을 옮긴다.

사장실에 가까워졌을 무렵, 존은 혹시나 누가 있을까 싶어 고개를 돌려 이리저리 살펴본다. 아무도 없는 것을 확인하자 천천히 문을 열고 들어가 투서를 접대용 탁자에 올려놓고 슬며시 사라진다.

그리고 며칠 후,

존은 아무 일 없었다는 듯 재고 파악에만 온 신경을 쓴 채 일에만 열중하고 있다. 잠시 후 누군가가 놀랄 만큼 큰소리로 등 뒤에서 소리친다.

"존!"

존이 깜짝 놀라며 뒤를 돌아보니 잭 사장이 서 있다.

"여기는 어쩐 일로…!"

잭은 음료수를 직접 손으로 따서 존에게 건네주며 말한다.

"현장 조사도 할 겸 잠깐 들렀소. 당신이 재고 부분의 일을 맡고 나서 재고 출하 회전율이 예전보다 부쩍 좋아졌어요."

"아닙니다. 모두 사장님 덕분입니다."

잭은 웃으며,

"회사 내부 사정으로 인해 재고 부서에 팀장 직책 하나가 비는군요. 아무리 생각해봐도 존 마이클! 당신이 적임자라 판단됩니다. 이제 도맡아서 이 일을 해줘야 되겠습니다."

존은 아무것도 모르는 사람처럼 시치미를 뚝 뗀 채로 말한다.

"그 일이라면 제프 팀장님께서 더 잘 하실 텐데요."

잭은 화가 많이 난 목소리로,

"아, 글쎄 그 제프 팀장인가 나발인가 하는 사람은 이미 회사를 그만뒀다 이 말이오."

놀란 시늉을 하며 존은 말을 받는다.

"예? 저를 회사에 잘 적응할 수 있게 도와주신 고마운 분이신데 회사를 그만둘 이유가 없습니다!"

잭은 화가 난 듯 얼굴을 붉히며

"정확한 사정은 알 거 없고 그렇게만 알고 있으세요!"

존은 기쁜 내색을 애써 감추며 말한다.

"그런데 저는 아직 경험도 부족하고, 다닌 지 얼마 되지도 않았는데…."

잭은 단호하게 말을 건넨다.

"우리 회사는 능력 위주로 인사 책정을 합니다. 제가 봤을 때 존 마이클 씨는 충분히 그럴 만한 능력이 있다고 봅니다. 안 그렇습니까? 존 팀장."

존은 썩 싫지만은 않다는 표정으로 다시 한번 겸손의 말을 꺼낸다.

"그렇게 봐주시니 감사합니다만 제가 잘 해낼 수 있을지."

"당신이 싫어도 이미 회사에게 결정된 사항이오. 무조건 맡아서 해보세요. 곧 인사 임명장이 올 겁니다. 준비하고 있으세요!"

힘차게 존은 말을 받는다.

"정 그렇다면 할 수 없지요. 한번 최선을 다해보겠습니다."

잭은 그의 힘찬 목소리를 듣고 만족한다는 듯 고개를 끄덕이며 말한다.

"당신에게 하고 싶은 말이 있으니 근무시간 끝나고 나 좀 잠깐 봅시다."

존은 흔쾌히 말을 받는다.

"예. 알겠습니다. 일이 끝나면 즉시 가도록 하겠습니다!"

잭은 뒷짐을 지고 점잖게 느릿느릿 사라진다. 그가 사라지는 것을 지켜보며 존은 회심의 미소를 짓는다.

늦은 오후,

두 사람의 몫을 혼자 맡아서 처리하다보니 힘겹게 일과를 마친 존은 이마에 맺힌 땀을 닦으며 한숨을 크게 내쉰다. 그는 자기 손으로 누군가를 희생시켰다는 생각에 죄책감이 어렴풋이 밀려왔지만 그보다도 수습사원에서 팀장으로 매우 짧은 시간 내에 벼락 승진했다는 사실이 그를 더욱 기쁘게 만들며 자기도 모르게 콧노래가 절로 나왔다.

존은 가벼운 발걸음으로 기숙사로 간다. 일단, 말끔하게 옷을 갈아입고 사장실로 직행한다. 어느새 사장실 문 앞까지 온 그는 살짝 노크를 한다.

"예. 들어오세요."

존은 문을 열며 정중하게 인사를 한다. 그는 서류에 무언가를 바삐 적어 내려가며 말한다.

"여기 앉아 계세요. 조금만 하면 끝나니까."

"예. 알겠습니다."

존은 얌전하게 소파에 앉아 그가 끝나기만을 기다린다. 잠시 뒤 잭은 펜을 책상에 힘차게 내려놓으며 혼잣말로 중얼거린다.

"어휴, 이제야 끝났네."

잭은 자리에서 일어나 그에게 가까이 다가가며 말을 잇는다.

"어때요. 일은 할만 하십니까?"

존은 힘차게 답한다.

"예. 할만 합니다."

잭은 호탕하게 웃으며,

"하하. 그래요. 목소리 한번 마음에 듭니다. 조금만 참으세요. 얼마 안 있으면 대규모로 신규사원 채용이 예정되어 있습니다. 그때 신입사원 몇 명 뽑아서 배속시켜 드리지요."

존은 극구 사양하며,

"아닙니다. 그러실 필요까지 없습니다."

"아무리 생각해 봐도 이 일은 혼자서 감당하기에는 무리가 있다 판단됩니다. 아직은 당신이 하는 일이 크게 중요하지 않지만 수주량이 늘어나면 늘어날수록 점점 중요해지는 일이기도 하구요. 제가 시키는 대로 하세요. 그게 당신에게나 회사에게나 득이 되는 일입니다."

존은 내심 쾌재를 불렀지만 겉으로는 아무렇지도 않다는 듯 묵묵히 답한다.

"예. 사장님 지시대로 따르겠습니다."

잭은 탁자를 두드리며 말한다.

"아, 이제 딱딱한 일 얘기는 나중에 하도록 하고 당신에게 한 가지 물어볼 말이 있소"

"예. 뭐든지 말씀만 하십쇼."

"소크라테스 선생님과 도대체 무슨 관계요?"

존은 살며시 미소를 지은 채 답한다.

"예. 제 은인이라 할 수 있지요."

잭은 신기하다는 어투로,

"음, 그래요!"

존 역시 같은 질문으로 그에게 묻는다.

"사장님께서도 소크라테스 선생님을 잘 아십니까?"

"당연히 잘 알죠. 나 역시 소피스트 회원이니까요."

존은 놀라며,

"예? 그렇다면 혹시, 필명이 어떻게 되십니까?"

그는 망설임 없이 답한다.

"파이돈이요! PE라는 회사명도 파이돈 엔지니어링 앞자에서 따온 명칭이죠."

존은 궁금증이 풀렸다는 듯 고개를 가볍게 아래위로 흔들며 말한다.

"아, PE가 그런 뜻이었군요."

파이돈은 손목에 찬 시계를 얼핏 보더니 화제를 다른 곳으로 돌린다.

"오늘 소크라테스 선생님 부탁도 있고 해서 당신에게 투자 비법 일부를 알려드리리다. 꽤 긴 이야기가 될 테니 잘 들어야 할 거요."

존은 그의 말을 듣자마자 수첩과 펜을 꺼내 경청할 자세를 갖춘다. 파이돈은 자리에서 일어나 문 맞은편에 있는 서랍장으로 가 둘둘 말린 종이뭉치를 꺼내며 말을 이어간다.

"당신에게 알려줄 투자 비법은 폭등주 따라잡기라는 항목이오. 폭등주 매매 기법에 대해 본격적으로 알아보기 전에 한 가지만 물어보겠소. 당신은 폭등주를 매매하기 위한 기본적인 자격이 된다고 생각하시오?"

존은 의아하다는 듯,

"투자를 할 때도 무슨 자격 같은 게 필요한가요?"

파이돈은 당연하다는 말투로,

"일정 수준의 자격이 없다면 투자에서 낙오되는 것은 시간문제요. 특히 폭등주 매매는 더욱 그렇다 볼 수 있지요."

"그게 무슨 말씀인지."

"투자를 통해 성공하기 위해서는 엄청난 노력과 인내 그리고 시행착오가 필요하오. 무엇보다 가장 중요한 것은 지겹도록 잃는다는 데에 있소."

존은 양쪽 눈이 커지며 이해가 가지 않는다는 듯 혼잣말로 중얼거린다.

"지겹도록 잃는다?"

파이돈은 고개를 끄덕이며,

"그렇소, 당신이 투자에서 크게 성공하고 싶다면 자신의 의도와는 상관없이 오랜 세월 동안 지겹도록 잃어야만 하오."

존은 반문한다.

"잃는다는 것 자체는 크게 도움이 될 것 같지 않은데요. 심리적으로나 경제적으로나."

파이돈은 강한 어조로 말한다.

"당신의 생각은 틀렸소. 투자에 성공하고 싶다면 반드시 이 단계를 거쳐야만 하오. 하지만 긴 시간동안 지겨울 정도로 잃기만 하기 때문에 버티기가 힘들죠. 따가운 주변의 시선도 부담이 되구요. 그러나, 잊지 말아야 될 점은 성공의 씨앗을 뿌리는 때가 바로 이 혹독한 시기라는 데에 있소. 좀더 자세히 말하자면, 이 추운 겨울을 잘 참고, 견디고 배우기만 한다면 언젠가는 봄이 올 것이고 당신도 모르게 뿌린 성공의 씨앗은 싹을 틔울 것이며 꽃을 피우고 더 나아가 엄청나게 번식할 수 있는 원동력이 된다 이 말이오."

알 수 없다는 듯 고개를 흔들며 존은 반문한다.

"도무지 이해가 가지 않습니다!"

파이돈은 천천히 목을 가다듬고 차분하게 말한다.

"이 정도 경지까지 오르게 되면 과거에 잃었던 경험과 시행착오를 통해 투자를 하기 전 미리 투자 계획을 세우고 투자를 한 후에는 리스크관리를 하게 되죠. 그리고 재차 손실이 발생했을 경우에는 왜 손실이 발생했는지, 이 상황에서 배울 점이 무엇인지를 자기가 의도하지 않아도 자신에게 질문하고, 자신에게 의문점을 던지고, 자신에게서 배우게 되는 단계에 오게 됩니다. 그러한 과정을 거치면서 투자기술과 투자감각은 자연스레 쌓이게 되죠. 그러나 정작 자신은 실력이 늘어나는지 확실히 모릅니다. 더 크게 잃지 않기 위해 습관적으로 해왔던 일들에 불과하니까요. 그리고 이 단계를 넘어선다면 드디어 우리가 그토록 바라고 바라던 경지까지 오르게 되지요. 이제 확실하게 알아들으시겠소?"

존은 아무 말 없이 턱을 괸 채 생각에 잠긴다. 파이돈은 계속해서 그를 주시하며 말을 이어간다.

"하지만, 이때도 자기 자신이 어느 정도 경지에 올라와 있는지 당연히 모르오. 이 역시 단지 습관적으로 하던 일에 불과하니까. 그래서 습관이라는 게 무서운 거요."

존은 그가 한 말을 한참 적어 내려간다. 파이돈은 둘둘 말린 종이뭉치를 뜯으며,

"자, 이제 폭등주에 대해 말해드리도록 하겠소. 참고로 이 안에는 당신이 궁금해 하는 내 투자 비법 일부가 숨어 있죠. 같이 풀어보도록 하십시다."

존은 기다렸다는 듯 말한다.

"예. 최선을 다해 경청하도록 하겠습니다. 사장님."

그러나 기대와는 달리 파이돈은 한참동안이나 입을 다문 채로 무언가를 곰곰이 생각하다가 진지한 표정으로 그에게 질문을 한다.

"아무 주식이나 폭등주가 될 수 있다고 생각하시오? 당신의 견해를 듣고 싶소."

존은 그의 갑작스런 질문에 순간 움찔했지만 애써 마음을 진정시킨 채 말을 받는다.

"아무 주식이나 폭등주가 될 수 있다고 생각하지 않지만 그렇다고 무슨 특정한 조건이 있다는 사실 역시 들어본 적은 없습니다."

파이돈은 단호하게,

"아니오! 폭등주를 매매하기 위해서는 반드시 폭등주가 되기 위한 잠재 조건부터 확실히 알아둬야만 매매하는 데 차질이 없을 거요. 특히, 세력들의 활약이 반드시 필요한 때이기도 하죠. 지금부터 내가 하는 얘기를 똑똑히 잘 듣기 바라겠소."

존은 말을 받는다.

"그렇게 하도록 하겠습니다."

파이돈은 넥타이를 풀어 헤치고는 목이 탔는지 탁자 앞에 놓인 음료수를 벌컥벌컥 들이 마신 뒤 말을 이어간다.

"어중이떠중이 특정한 주식에 결집된다고만 해서 폭등주가 되지는 않소. 그런 대부분의 주식들은 며칠간의 반짝 상승에 그치며 거래량만 늘릴 뿐이라오. 해당 주식이 폭등주로 변모하기 위해서는 고도로 훈련된 세력이 필요하오. 그래야만 안정적인 폭등을 할 수가 있죠."

존은 꼼꼼하게 받아 적으며,

"아, 세력이 그렇게 중요한 역할을 하는지 전혀 몰랐습니다. 그렇다면, 세력이 개입돼 있는지 알 수 있는 방법은 없나요?"

파이돈은 기다렸다는 듯 재빨리 말을 받는다.

"물론 있소. 당신에게 특별히 세력이 개입돼 있는지 알 수 있는 가장 쉬운 방법을 알려 드리도록 하죠. 대부분 세력이 개입된 주식은 상승 초기 시점이나 폭등하기 이전 시점이 아니면 해당 주식을 잡기가 어렵소. 왜냐하면 그런 주식들은 본격적으로 폭등할 경우 엄청난 대기성 매수 물량으로 인해 주식을 살 수 없는 데다가 폭등을 더욱 더 부추기기 위해 세력이 한번 더 매수물량을 깔아 놓기 때문에 대부분의 투자가들은 매수할 엄두를 내지 못하게 되오. 그러나, 세력이 개입돼 있지 않는 주식은 상승 초기건 상승을 하고 있는 시점이건 상관없이 언제든지 손쉽게 잡을 수 있다는 점에 차이가 있소. 만일, 세력 개입이 의심되는 주식이 급등하다가 어느 순간에 이르러 자기에게 매수할 기회가 생긴다면 세력들이 당신에게 물량을 떠넘긴다는 신호가 될 수 있기 때문에 반드시 의심해봐야만 할 것이오. 이 방법을 통해 확실하게 세력이 개입돼 있다고 단정할 수는 없겠지만 어느 정도 추측해 볼 수는 있소."

존은 눈이 번뜩이며 말을 받는다.

"아, 그렇게 되는 거였군요. 제가 왜 그전에 이토록 짧은 시간 내에 큰돈을 잃게 되었는지 사장님 덕분에 조금이나마 알게 되었습니다."

"그래요! 그저 불행 중 다행이군요. 이제 세력 개입이 쉬운 주식 조건에 대해 말씀드리도록 하겠소. 폭등주가 되기 위한 첫 번째 조건은 외국인 지분율이 최대한 낮아야 된다는 데에 있소.

의아한 듯 존은 물어본다.

"그건, 왜 그런 거죠?"

파이돈은 당연한 걸 왜 물어보느냐는 어투로 답한다.

"대부분의 외국인 투자가들은 해당 회사의 경영권을 노리고 주식을 보유하기 보다는 단순히 시세차익을 얻기 위해 주식을 보유하는 경우가 다반사죠. 즉, 만족할 만한 수익이 발생한다면 언제라도 팔고 나올 수 있는 대기성 매물이 된다 이 말이오. 세력 입장에서는 골치 아픈 존재가 아닐 수가 없겠죠. 주식을 의도대로 끌어올리는 데 강력한 방해꾼이 될 수 있으니까."

존은 이제야 이해가 간다는 듯 답한다.

"그렇군요."

파이돈은 잠시 숨을 돌리더니 계속해서 말을 이어간다.

"대주주 지분율은 어느 정도 높아도 별 상관은 없소. 대주주가 경영권을 매우 중요시하게 생각한다는 조건이 있다면 말이죠. 그러나 대주주 지분율이 과도하게 너무 높아서도 안 되오. 주가가 크게 오른다면 대량으로 팔 수도 있기 때문이죠. 그렇게 된다면 세력 입장으로서는 믿었던 도끼에 발등 찍히는 꼴이 될 수 있다 이 말입니다. 그래서 세력들은 대부분 이런 주식들도 피하기 마련이오."

그의 말이 끝나기가 무섭게 존은 질문을 던진다.

"그렇다면 적당한 대주주 지분율 수준이 어떻게 되는지 알고 싶습니다."

"내가 연구한 바로는 총 대주주 지분율은 약 20% 미만이 적당하다고 판단하고 있소. 이 정도면 함부로 내다 팔 수 없는 경영권 방어 한계선이라고 보고 있기 때문이오."

파이돈은 고개를 돌려 무의식적으로 시계를 쳐다보다가 뭔가 생각이 났는지,

"아, 참! 현장을 좀 둘러보고 와야겠소. 여기 잠시 앉아 계세요. 얼른 둘러보고 올 테니까."

"예. 알겠습니다."

그는 서둘러 자리에서 일어나 책상 서랍 속에서 노란 서류철을 꺼내더니 사무실 문을 열고 어디론가 사라진다.

존은 한동안 그가 나가는 모습을 아무 말 없이 지켜보다가 그가 했던 말을 천천히 되짚어 보며 혼잣말을 중얼거린다.

"그래! 내가 전에 돈을 잃었던 이유가 분명히 따로 있었어. 잭이라는 이 친구 아무리 생각해도 정말 대단해. 비록, 건방지기는 하지만 꽤 매력 있는 친구야. 잘만 이용한다면 나에게 엄청난 도움이 될 수도 있겠군."

시간이 한참 지나 날이 어둑해질 무렵이 되자 그제서야 파이돈은 모습을 나타낸다.

"기다리게 해서 미안하오. 업무상 약간의 차질이 있어서 시간이 이렇게 지체 되었소."

존은 미소를 지어 보내며,

"아닙니다. 괜찮습니다."

"자, 그러면 다시 이야기를 마저 하십시다. 내가 어디까지 얘기를 했소?"

존은 그의 물음에 잠시 생각을 하는가 싶더니 최대한 정중하게 답한다.

"예, 폭등주가 될 수 있는 첫 번째 조건까지 얘기했습니다."

"음~, 생각이 나는군요."

파이돈은 손수건으로 이마에 흐르는 땀을 닦으며 말을 이어 간다.

"두 번째 조건은 최소 3개월 이상 주가가 박스권 상태를 유지해야만 한다는 데에 있소."

존은 뭔가 이상하다는 듯 의아한 표정을 지으며 머리를 긁적거린다.

"그런데 왜 하필 3개월이죠?"

"세력들이 잠재적으로 개입되어 있다 의심되는 주식은 시장에서 소외된 채로 3개월 이상 크게 상승하지도 않고 하락하지도 않은 채 암암리에 주가관리를 받고 있는 경우가 많소. 그 정도의 기간이 걸려야만 세력들 입장에서는 매물이라는 물기를 최대한 쫙 빼고 폭등시키기 쉽기 때문이라오."

이제야 알겠다는 듯 존은 고개를 끄덕인다.

파이돈이 탁자 앞에 놓여져 있는 종이 뭉치를 탁탁 털어내자 조그마한 쪽지가 바닥에 떨어진다.

"이 작은 용지에는 내가 말해 준 것 이외에도 폭등주가 되기 위한 조건들이 나열돼 있으니 한번 잘 읽어 보시오."

그가 시키는 대로 존은 쪽지에 있는 내용들을 천천히 읽기 시작한다.

> **폭등주가 되기 위한 잠재 조건**
>
> ① 최소 3개월 이상 주가가 박스권 상태를 유지
> ② 10,000원 미만인 주가가 세력들이 매입하기 쉽다.
> ③ 최소 한 달 이상 특별한 뉴스나 공시가 없어야 한다.
> ④ 거래량은 최소 한 달 이상 답보 상태
>   [세력들의 은근한 주식 매입을 뜻할 수도 있으므로]
> ⑤ 끼가 있는 주식
>   [약 1년 전후로 크게 폭등한 전적이 있는 주식]
> ⑥ 거래량이 3개월 이상 바닥권을 맴돌아야 한다.

파이돈은 돌돌 말려져 있는 종이 뭉치를 앞뒤로 곧게 펴 평평하게 만든 다음 겉장 한 장을 넘긴다.

"이건, 내가 아주 오랫동안 폭등주 사례만을 모아 둔 폭등주 전용 투자일지요. 이 일지를 통해 지금도 많은 것을 깨닫는 답니다. 당신도 투자를 계속해서 할 작정이라면 투자일지를 작성해 놓는 것이 좋을 거요. 이제 잡담은 그만하고 폭등주가 어떤 흐름을 가지는지 차트를 보며 대화하도록 하십시다."

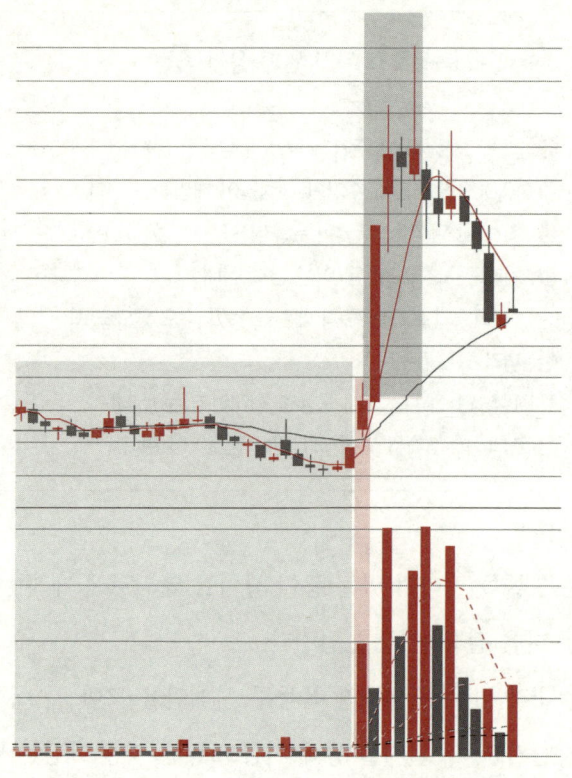

"지금 이 차트는 폭등주의 전형적인 사례를 보여주고 있소."
파이돈은 손가락을 차트에 가리키며,
"여기 빨갛게 칠해진 영역을 자세히 살펴보시오."
존은 영문도 모른 채 그가 가리키는 곳을 한참 자세히 들여다 보다가 고개만 갸우뚱거린다. 그 모양세를 보고는 파이돈은 답답한 모양인지 가슴을 두드리며 말을 이어간다.

"이 빨갛게 칠해진 범위가 세력이 개입이 되어 있는지 알 수 있는 영역이자 당신이 매수해 들어가야 되는 영역이기 때문에 주목해서 보라는 것이오. 중요하니 다시 한번 살펴보시오."

몇 분 뒤 파이돈은 그의 표정을 자세히 살피며 묻는다.

"그래도 모르겠소?"

"어느 정도 알 것 같습니다만 확실하게는…."

"그래요! 당신의 이해를 확실하게 돕기 위해 보충 설명을 자세히 해드리리다."

존은 멋쩍었는지 뒤통수를 긁으며,

"감사합니다."

파이돈은 양복 바깥 주머니에서 펜을 꺼내 차트에다 살짝 표시를 한다.

"앞서 말했다시피 세력 개입이라 판단하고 매수해 들어가는 부분이 바로 빨갛게 칠해진 범위라 볼 수 있소. 그러나, 보시다시피 매수 범위 영역이 좁다는 것을 인지해야만 할 것이오. 즉, 당신이 들어갈 수 있는 범위가 매우 한시적으로 제한이 된다 이말입니다. 하지만, 당신이 매수해 들어가야만 되는 매수 범위는 좁으면 좁을수록 좋소."

매우 의아해하며 존은 말꼬리를 잡는다.

"매수 범위가 좁으면 좋을수록 좋다니 도무지 이해가 되지 않습니다."

"이에 대해서는 다음 차트에서 설명해 주도록 할 테니 너무 조급하게 생각할 필요는 없소!"

파이돈은 따끔하게 일침을 놓은 뒤 계속해서 말을 이어간다.

"빨강색 범위 내에 양봉을 보면 거래량이 폭증한다는 것을 알 수 있소. 이는 본격적인 세력 개입으로 인해 상승 에너지를 더욱 강화시킨다는 의미가 되므로 반드시 매수해야 되는 시점이라 볼 수 있소. 그렇다고 해서 무턱대고 공격적으로 매수해 들어가라는 의미로 내 말을 오해해 듣지는 마시오. 골든 크로스를 발생한 틈을 타 본격적으로 세력이 이탈할 수도 있기 때문에 무리하다 싶을 정도로 이런 주식을 매수해서는 절대로 안 되오. 반드시 방어적인 시각에서 매수 접근을 해야만 당신의 계좌를 보존할 수 있을 것이오. 그럼 다음 차트를 보도록 하십시다."

존은 유심히 차트를 살펴보다가 이상했는지,

"아까 전 거와 모양세가 많이 비슷한 것 같은데요."

잔잔한 미소를 지으며 파이돈은 답한다.

"당연히 그럴 수밖에."

"예? 그게 무슨 말이죠?"

"폭등주는 대개 일정한 패턴을 가지고 움직이기 때문에 대부

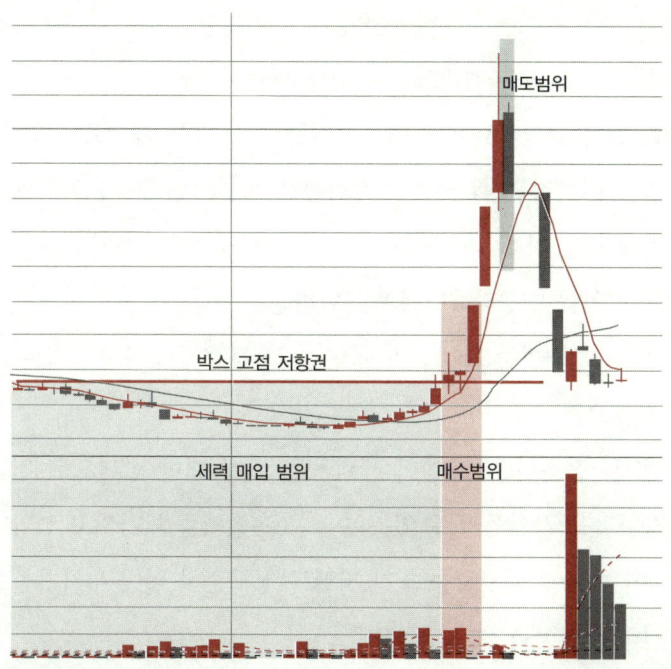

분 비슷하게 보이는 거요."

파이돈은 손가락으로 차트의 검은 부분과 빨강색 부분 그리고 파란색 부분을 차례대로 가리키며 말을 이어간다.

"폭등주의 흐름을 보자면 대개가 이렇소. 우선 세력들이 암암리에 주식을 매입하며 장기간 박스권 상태를 유지시킵니다. 이때 거래량은 거의 바닥을 드러내는 경우가 대부분이죠. 이런 지루한 보합권 상태가 짧게는 2~3주, 길게는 10개월까지 지속되며 최대한 세력들이 원하는 모양대로 만들어 나갑니다. 어느 정도 됐다 싶으면 본격적으로 시세를 분출시키죠. 그리고 나서 최대한 일반 투자가들에게 매수기회를 주지 않은 채 폭등시킨 후 정점에 이르렀을 때 일반 투자가들을 유인시킨 뒤 유유히 빠져나가게 되는 거죠. 이제 어느 정도 이해하시겠습니까?"

존은 곰곰이 생각하더니 반문한다.

"일반 투가가들도 바보가 아닌 이상 정점에서 매수하지는 않을 텐데요?"

"좋은 질문이오. 그래서 세력들은 이에 대한 방편으로 일반 투자가들을 끌어들일 수 있는 수많은 유인책들을 가지고 있답니다. 이 차트에서는 상승 초기 시점부터 꾸준히 일반 투자가들을 유인하는 전략을 쓰고 있군요."

존은 차트를 뚫어지게 쳐다보며 말한다.

"저는 아무리 봐도 모르겠는데요."

"여기 장대 양봉을 발생시키며 폭등하는 거 보이시오. 그게 바로 투자가들을 유인하는 훌륭한 미끼요."

놀란 듯 존은 되묻는다.

"미끼?"

"장대 양봉이 떡하니 그냥 생겨난 줄 아셨소. 세력들이 장 초반 대량의 물량을 내놓아 주가를 상승하지 못하게 일단 막아둔 뒤 다시 세력 주도 아래 장중에 꾸준히 매입을 시도해 꾸준히 상승시키면서 생겨난 하나의 결과물이라 이 말이오. 이렇게 여러 번 상황을 연출 시키다보면 자연스럽게 일반 투자가들은 세력이 만들어 놓은 패턴에 맛을 들이게 되면서 매수에 적극적으로 동참하게 됩니다. 세력은 이때를 노리게 되는 거죠. 일반 투자가들이 전혀 예상치 못한 시기에 한꺼번에 물량을 털고 나오지만 이미 패턴에 길들여진 일반 투자가들은 좋아라 주식을 재차 매수하게 되며 그런대로 상승을 유지시킵니다. 그리고 나서 세력들이 최종적으로 이탈을 마치는 동시에 폭락하게 되는 거죠. 또 다른 힌트를 한 가지 드리자면 세력 이탈이 공개되는 이 파란색 부분에 매도하는 것보다는 자기 자신이 미리 일정한 상승 제한을 두고 빠져나가는 것이 훨씬 현명한 방법입니다."

존은 이해가 가지 않는다는 듯 재차 묻는다.

"그게 무슨 말이죠?"

"파란색 부분에 뒤늦게 매도를 시도했다가 아예 팔지 못해 큰 손실로 이어지는 경우도 많이 있으니까 차라리 그럴 바에야 세력이 빠져나가기 전에 먼저 선수를 쳐 빠져나가라 이 말입니다."

존은 걱정스런 말투로,

"제가 주식을 팔고 나서도 폭등세가 지속적으로 유지되면 어쩌죠? 그렇게 되면 너무 억울한 텐데."

파이돈은 한심스럽다는 표정으로 혀를 찬다.

"큰 이득을 바라면서 기다리다가 폭락해서 쪽박 차는 것보다는 차라리 상승 도중에 팔고 나와 이익 일부라도 지키는 편이 훨씬 낫다고 생각하지 않소?"

그의 말을 듣고 존은 얼굴이 붉어지며 아무 말을 하지 못한다.

"아까 전에 매수 범위가 좁으면 좁을수록 좋다는 말이 궁금하다고 했죠. 지금부터 알려드리도록 하죠."

파이돈은 손가락으로 빨강색 범위를 가리키며,

"매수 범위가 아까 전 차트보다 좀더 확대되었다는 것을 볼 수 있소. 그만큼 매수할 기회를 준다는 뜻이 되죠. 즉, 세력입장에서는 매물 부담이 가중되며 자금 부담이 심화된다는 것을 뜻하오. 최악의 경우 폭등이 매우 단기간에 끝나며 장기간 폭락으로 이어지는 경우도 많다는 것을 기억해 두세요. 이러한 이유 때문에 우리가 매수할 수 있는 실제 범위는 작으면 작을수록 좋소. 그래야만 상승 에너지가 안정적으로 오래갈 수 있기 때문이오. 허나, 단순히 위와 같은 패턴이 발생한다고 무조건적인 폭등을 유발시킨다고 생각한다면 큰 오산이요. 폭등 초기, 세력이 어떠한 불가항력적인 근거를 이유로 해서 이탈을 가속화 시킨다면 크게 폭등하지 못하고 주저앉는 경우도 많기 때문이죠. 지금부터 갑작스러운 세력 이탈이 어느 정도로 위험한지 보여드리리다."

"장대 음봉이 발생하며 대량 거래량이 발생하는 전형적인 세력 이탈 패턴이요. 어떻소. 뭔가 감이 잡히는 것 같소?"

차트를 자세히 쳐다보며 존은 고개를 좌우로 흔든다.

"세력 이탈 치고는…. 글쎄요? 아직 잘 감이 잡히질 않습니다."

"그래요! 그럼 다음 차트를 보도록 하십시다."

파이돈은 의미심장한 미소를 지으며 페이지 한 장을 넘긴다.

"장대 양봉 발생 후, 더 이상 상승하지 못하고 이평선 밑으로 주가가 주저앉음으로써 세력 이탈이라 의심되는 패턴이 발생한

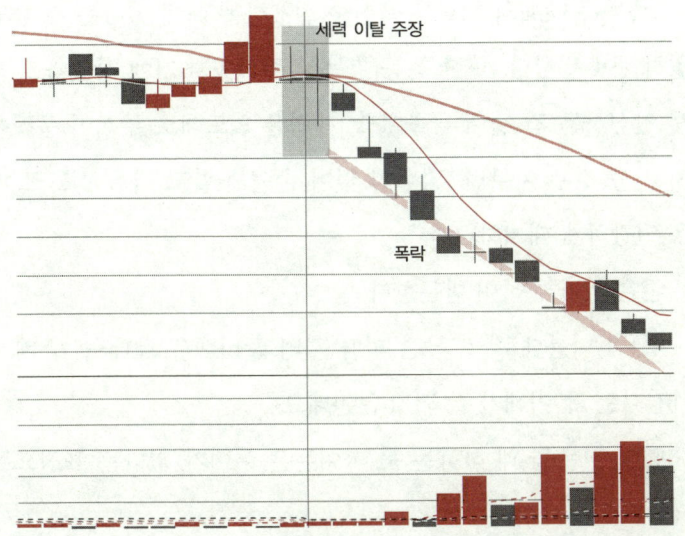

뒤 급격하게 폭락으로 가고 있는 것을 볼 수 있소. 여기서 가장 무서운 건 세력 이탈 후 얼마만큼 하락할지 모른다는 점에 있소. 앞 차트에서 봤던 것처럼 크게 하락하지 않은 채로 일정 수준에서 주가가 머물 수도 있고 지금의 차트처럼 끊임없이 폭락하며 주가가 바닥권에서 헤어나오기 힘든 경우도 있으니까요. 이때 큰돈을 벌고자하는 욕구를 가지고 투자했더라면 과연 어떻게 되었을까요?"

존은 지난 과거의 일이 어렴풋이 떠오르며 생각하기도 싫은 듯 몸서리를 친다.

"폭등주 매매의 핵심은 욕심을 절제하는 데에 있다는 것을 명심하셔야 됩니다. 또한 폭등 가능성 주식을 초기에 잡았다고 해서 안심하는 건 절대 금물이오. 세력은 의도대로 주식이 움직이지 않을 경우 아무런 망설임 없이 손쉽게 팔고 나올 정도로 매우 민감하게 대처하니까."

존은 의아해 하며 반문한다.

"세력 나름대로 몇 달간 피땀 흘려 준비했을 텐데 쉽게 빠져나간다는 게 이해가 잘 되지 않는데요."

뻔한 질문을 왜 하냐는 듯 파이돈은 어이가 없다는 표정으로 답한다.

"당신이 투자하는 자금은 몇 백, 몇 천에 불과하겠지만 세력은 그 한 주식에 수 억, 수십 억 많게는 수백 억의 자금을 동원하오. 많은 자금을 동원했다는 건 그만큼 위험 노출도가 커질 수밖에 없을 테니 아무리 장기간 많은 준비를 했다손 치더라도 한순간의 실수나 환경적인 변수로 인하여 돌이킬 수 없는 엄청난 손실로 이어질 수 있다는 말이 되죠. 그런 판국이니 어쩔 수 없이 민감하게 대처할 수밖에."

존은 다시 한번 그의 식견에 감탄하며,

"그렇게 되는 거였군요."

파이돈은 화제를 돌려 존에게 묻는다.

"당신이 세력 입장에 서서 어떤 주식을 폭등시킬 목적으로 매매한다고 쳤을 때 가장 위험성이 높은 작전 시기가 언제일 것 같소?"

존은 잠시 생각하는 척 하더니 손쉽게 입을 연다.

"소리 소문 없이 매매하는 시기가 아닐까요?"

파이돈은 고개를 강하게 내저으며 말한다.

"틀렸소. 가장 위험한 시기는 바로 주가를 본격적으로 끌어올릴 때요."

고개를 갸우뚱거리며 이해가 되지 않는 듯한 표정으로 존은 묻는다.

"그건 왜 그렇죠?"

"주가를 본격적으로 끌어올린다는 건 세력 의도가 불특정 다수에게 공개된다는 것을 뜻하오. 달리 말하면 갑자기 많은 사람들의 관심과 이목이 집중되면서 대기성 매도 물량이 급증한다는 뜻이 되기도 합니다. 만일, 단기간에 매도 물량이 급격하게 쌓이며 강력한 매물압박을 받게 된다면 세력은 그 주식을 목표한 만큼 끌어올리는 것을 포기하고 상승하는 도중에 이탈하게 되겠죠. 결국엔 급격한 폭락을 하게 되고 그 주식에 투자했던 이익에 눈먼 개인투자가들만 모든 손실을 뒤집어 쓴 채 막을 내리게 됩니다."

파이돈은 졸린 모양인지 연신 하품을 해대다가 고개를 강하게 몇 번 흔들며 잠을 쫓은 뒤 말을 이어간다.

"이제, 마지막으로 세력이 물량을 팔고 나오는 기본적인 시기에 대해 말해 드리도록 하겠소. 우선, 첫 번째는 대량 거래량이 터졌을 경우요. 이와 같은 상황이 벌어졌을 땐 크게 두 가지 상반된 결과를 예상할 수 있소. 한 가지는 세력들 간의 손 바뀜 현상으로 인하여 재차 폭등하는 경우와 다른 한 가지는 해당 세력의 무차별적인 물량 털기로 인한 폭락 사태요. 이중 경험상 손 바뀜 현상보다는 물량 털기일 가능성이 매우 높다고 볼 수 있소. 그러므로 어중간한 시점에서 대량거래량이 발생한다면 반드시 신중하게 짚고 넘어가야 될 것이오.

　두 번째는 장대 음봉이 발생했을 때요. 어떻게 보면 세력 의도가 가장 적나라하게 드러나 보이기 때문에 가장 위험한 시기라 볼 수 있소. 그러나, 세력이 일부러 장대 음봉을 만들었다면 상황이 틀려지죠. 장대 음봉을 이용해 단기성 악성 물량을 털어내고 다시 상승할 수도 있으니까요. 하지만, 세력의 의도를 전혀 알 길이 없기 때문에 반드시 조심해야 되는 시점이기도 하오.

　마지막 세 번째는 비교적 크게 상승한 시점에서 장대 양봉이 발생했을 경우요. 이때 일반 투자가들은 지속적으로 폭등할 수 있을 거라 착각하고 매수하게 되는데 세력은 바로 이 점을 이용해 대량으로 매도하고 유유히 빠져나가죠. 그 후 쭉정이만 남게 된 주식은 폭락 사태가 빚어지는 경우가 많습니다."

　파이돈은 기지개를 한번 쭉 펴고는 자리에서 일어난다.

　"그렇다고 지금까지 내가 한 말을 너무 믿지는 마시오. 세력은 우리가 상상하는 그 이상으로 매우 다양한 패턴 형식을 보이며 그중 일부는 의도를 전혀 파악하지 못할 정도로 점점 더 작전 기술이 교묘해지고 있으니까 말이오."

　파이돈은 일지 두 장을 찢어 존에게 건네준다.

　"이제 내가 하고자 하는 말은 여기까지입니다. 그리고 이건 당신에게 주는 선물이오. 나중에 자세히 한번 살펴보시오. 나는 이제 자러 가야 되겠소."

존은 최대한 예의바르게,

"사장님. 말씀하시느라 고생하셨습니다. 안녕히 주무십시오."

존은 허리를 굽혀 깍듯이 인사하고는 사무실 문을 열고 밖으로 나간다.

..

기숙사에 도착한 그는 자기 전 '소크라테스와의 대화' 라는 공책을 펴 잭이 했던 말들을 글로 옮겨 적으며 급등주에 관한 의문점들을 함께 덧붙여 나간다.

잭 사장이 말하는 폭등주가 되기 위한 잠재 조건

1. 최소 3개월 이상 주가가 박스권 상태를 유지
2. 주가가 10,000원 미만일 때 세력들이 매입하기 쉽다.
3. 최소 한 달 이상 특별한 뉴스나 공시가 없어야 한다.
4. 거래량이 최소 한 달 이상 답보 상태여야 한다.
5. 끼가 있는 주식이란, '약 1년 전후로 크게 폭등한 전적이 있는 주식이다.'
6. 거래량이 3개월 이상 바닥권을 맴돌아야 한다.

● 여기에 한 가지 덧붙여서,
내가 생각하는 가장 기본적인 폭등주 매매 조건:
폭등주의 기본적인 매매 조건 -> 종합주가 상승세 유지

● 그 이유 :
세력이 아무리 날고 긴다 해도 종합주가가 하락세에 있다면 그만
큼 일반 투자가들을 유인하기가 어려울 테니까!

● 거래량에 관한 짧은 고찰!!!
거래량 폭증은 두 가지 의미를 내포한다.
1. 본격적인 세력 개입으로 인해 상승 에너지 더욱 강화
2. 골든 크로스를 이용해 세력 이탈!
과연, 거래량 폭증의 의미는 이 두 가지밖에 없는 것일까?

● 잭 사장의 선물...
잭 사장이 내게 건네준 차트 두 장!
그리고, Support 라는 단어!
도대체 여기에 담겨 있는 잭 사장의 속뜻은 뭘까?

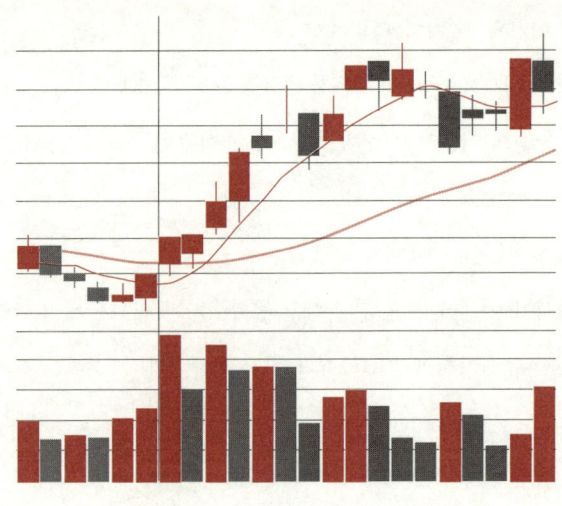

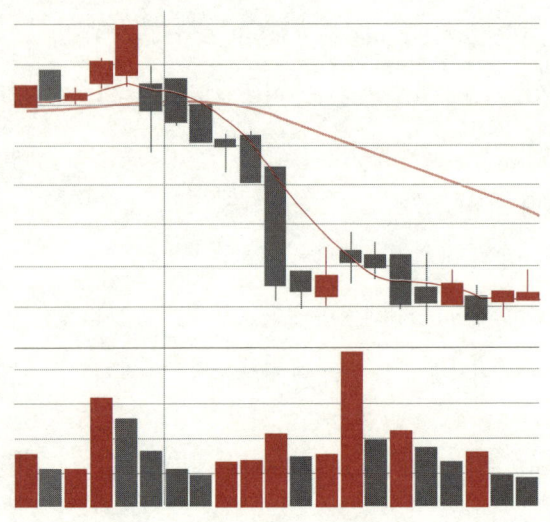

少少益善

"따르르릉! 따르르릉! 따르르릉!"

전화벨 시계가 요란하게 울리며 단잠을 자고 있는 존을 깨운다.

"이런 젠장! 다른 걸로 바꾸던가 해야지."

어제 심하게 무리를 하며 밤늦게까지 일을 했던 탓일까? 자리에서 일어나지 못하고 침대에서 구르다시피 바닥에 떨어진다. 그는 미간을 찌푸린 채 샤워 부스로 천천히 기어가며 혼잣말을 한다.

"아우. 내 허리, 아직 장가도 안 갔는데. 도대체 신입사원을 언제 배치해 준다는 거야. 그렇게 말한 지도 한 달은 넘은 것 같구만!"

눈을 반쯤 뜬 상태로 존은 고개를 돌려 달력을 본다.

"아, 그리고 보니 오늘 창립 기념일이구만. 음, 내일은 주말! 삼일 연속으로 제대로 쉴 수 있겠군."

그렇게 중얼거리고는 씻지도 않고 침대로 가 잠을 청한다.

한참 자다가 배가 고팠는지 정오가 다 되서야 일어난 존은 늘어지게 하품을 하더니 아직까지 남아 있는 잠을 쫓으려 스트레칭을 한다. 그리고는 냉장고로 가 먹을 것을 찾는다. 냉장실 한쪽 구석에 냉동식품을 찾아 꺼내 간단하게 끼니를 해결하고 다시 침대에 누워 TV를 켠다.

존은 하루 종일 방구석에 틀어박혀 애꿎은 TV리모콘만 이리저리 눌러대며 빈둥거리다 심심했는지 '소크라테스와의 대화'라는 공책을 펴 여태까지 기록했던 내용들을 천천히 탐독하기 시작한다. 공책에 한참 정신이 팔려 있는데 전화벨이 울리며 존을 귀찮게 한다.

"여보세요."

"나요!"

"아! 예. 사장님. 어쩐 일이십니까?"

"오늘 쉬는 날인데 뭐하시오?"

존은 웃으며 말을 받는다.

"하는 일 없이 마냥 빈둥거리고 있습니다."

"그래요! 그럼 나랑 같이 밤낚시나 가십시다."

존은 순간 당혹스러웠지만 이내 마음을 가다듬고 침착하게 말을 받는다.

"아! 예. 알겠습니다. 그런데 제가 낚시를 잘 못해서."

"그건 걱정할 거 없소. 거기 가면 낚시를 아주 잘하는 친구가 기다리고 있으니까. 그러면 6시 회사 정문 앞에서 보십시다."

잭은 자기 할 말만 짧게 하고는 전화를 끊는다.

'사장님께서 웬일이지? 낚시를 다 청하시고.'

뜻밖의 제안에 어리둥절했지만 기분이 나쁘지만은 않았다. 존은 무심코 탁자에 놓인 시계를 보고 약속시간이 얼마 남지 않았다는 사실을 깨닫자 채비를 서두른다. 먼저, 밤샘 추위를 대비해 두툼한 옷가지들을 챙긴 뒤 낚시에 필요할 여러 가지 장비들과 기타 필요한 물품들을 찾는다. 그러나 예상했던 대로 낚시에 쓰이는 물품들은 태부족. 할 수 없이 이리저리 방마다 기웃거리며 어렵사리 없는 품목들을 구한다. 겨우 준비를 마치자 약속시간이 어느새 코앞으로 다가온다. 존이 정문 앞에 서자마자 최고급 외제 승합차가 빠른 속도로 달려오더니 기다리고 있었다는 듯 그의 앞에 떡하니 멈춘다.

"음~. 역시 타이밍 하나는 잘 맞춘다니까! 빨리 타세요. 아마 그 친구 목 빠지게 기다리고 있을 겁니다."

... 약속장소 근방

이리저리 길을 찾아 헤맨 지도 벌써 몇 시간째.

잭은 뭔가가 이상했는지 고개를 갸우뚱거리며 혼잣말을 중얼거린다.

"어, 이상하다. 왜 길이 없지? 분명 이 길이 맞는데."

"뭐가 잘못됐습니까?"

"아니오. 뭔가 착오가 있어나 보오. 다시 한번 길을 찾아봅시다."

이리저리 길을 헤매 보지만 생각했던 길은 나오지 않고 자꾸 헛돌기만 한다. 설상가상으로 손전등마저 배터리가 나가며 빛을 잃자 마침내 잭은 화가 폭발한다. 존은 그를 진정시키려 특유의 태평한 말투로 위로의 말을 건넨다.

"뭐. 살다 보면 그럴 수도 있죠. 걱정 마십쇼. 언젠가는 길을 찾겠죠. 정 어쩔 수 없으면 그냥 여기서 침낭 깔고 아침까지 자 버립시다."

막상 말해 놓고 나니 쑥스러웠던 모양인지 존은 뒤통수를 긁적인다. 잭 역시 어처구니없는 그의 깜짝성 발언에 할 말을 잊는다. 서먹한 분위기가 잠시 흐르고, 갑자기 어디선가 사람 목소리가 간간히 들려오기 시작한다. 존은 혹시라도 잘못 들었나 싶어 귀를 기울여 보니 분명 누군가를 애타게 부르는 소리였다.

그럴 줄 알았다는 듯 잭은 환한 미소를 지으며 혼잣말을 중얼거린다.

"그 친구, 참다못해 직접 찾아 나선 모양이군."

존은 그가 하는 말을 얼핏 들은 모양인지 조심스럽게 물어본다.

"혹시. 누구신지 아십니까?"

"아~, 앤드류 제이콥(필명 : 크세노폰)이라고, 나랑 절친하게 지내는 사람이오. 아주 대단한 인재지."

그의 성의 없고 짤막한 답변에 존은 내심 실망스러웠지만 꼬치꼬치 물어볼 수도 없는 일이라 말없이 고개만 끄덕인다.

누군가를 부르는 소리가 점점 가까워오자 잭은 소리가 나는 곳을 향해 힘차게 고함을 지른다.

"어이. 친구, 여길세."

"거기 잭인가?"

"그래, 날세."

먼발치서 급하게 뛰어오는 듯한 발자국 소리가 점점 크게 들려오자 잭은 그가 넘어질까 내심 걱정이 되었는지 큰소리로 외친다.

"이봐, 날도 어두운데 조심하게. 그러다 넘어지겠네."

앤드류는 그의 말을 무시한 채 손전등을 이리저리 비추며 뛰다시피 걷다가 잭이 보는 바로 앞 정면에서 보란 듯이 돌부리에 걸려 넘어진다.

"이보게. 괜찮나? 그러게 내가 뭐랬나! 천천히 오라고 하지 않았나."

앤드류는 벌떡 일어나 옷에 있는 흙을 툭툭 털며 잭이 서 있는 바로 앞까지 힘차게 걸어오더니 괜찮다는 듯 크게 웃으면서 말을 받는다.

"자네가 내 걱정도 다하고 이거 참으로 감개무량한데."

잭은 당연하다는 듯 말한다.

"이 사람아, 속으로 자네 생각을 얼마나 많이 하는데."

앤드류는 내심 싫지만은 않은 모양인지,

"하하. 그런가!"

그는 식은땀을 손수건으로 닦으며 농담조로 잭에게 말을 건넨다.

"자네 길치인 건 오래 전부터 알고 있었지만 이 정도까지인 줄은 정말 꿈에도 몰랐네."

정색하며 잭은 말을 받는다.

"이미 길은 짐작하고 있었네. 단지 자네를 놀라게 할 심산으로 일부러 시간을 끌고 있는 중이었지!"

앤드류는 장난스럽게 비꼬는 말투로,

"어허. 그런 거였나! 그런 줄 알았으면 텐트 안에 누워서 놀랄 준비나 하고 있을걸. 괜히 힘 빠지게 찾으러 나왔구만 그래."

그 말을 듣자 잭은 멋쩍었는지 화제를 재빨리 다른 곳으로 돌린다.

"인사하게! 이 사람은 존 마이클이라는 친구라네. 우리 회사에 없어서는 안 될 유능한 인재지."

앤드류는 고개를 끄덕이며 존에게 악수를 청한다.

"앤드류 제이콥이라고 합니다."

"예. 저는 존 마이클입니다."

존은 최대한 예의를 갖춰 인사를 한 뒤 손전등 불빛 사이로 앤드류를 살며시 바라본다. 그러나 워낙 어두컴컴해 자세히 보기는 힘들다. 하지만 떡 벌어진 어깨하며 얼핏 보기에도 듬직해 보이는 체구, 그리고 악수했을 때 느껴졌던 강한 손아귀 힘에서 그가 얼마나 다부진지는 쉽게 짐작할 수 있었다.

잭은 은근히 그들을 재촉하며 말한다.

"서로 인사들 나눴으니 슬슬 가 보세나."

앤드류는 또 다시 장난끼가 발동했는지 뒷짐을 지고 자리를 뒤로 옮겨본다.

"자! 그러면 자네가 앞장서게. 나는 뒤따라 갈 테니까?"

그가 그렇게 나오자 잭은 내심 당황했는지 말끝을 얼버무린다.

"나도 그러고 싶네만, 내가 밤눈이 좀 어두워서."

"그럼 내가 길을 안내할 테니 다음에 거하게 술 한 잔 살 텐가?"

그의 의도를 눈치 챘다는 듯 잭은 그의 어깨를 '툭' 치며,

"이 친구 그러고 보니 의도가 술에 있었구만!"

안됐다는 듯 앤드류는 고개를 설레설레 흔들며 말한다.

"쯧, 둔한 사람 같으니…."

잭은 그를 도저히 못 당하겠다는 듯 손사래를 치며 말한다.

"그러지 말고 어서 낚시나 하러 가세. 이러다 날 세겠네."

"너무 조급해 하지는 말게. 이미 도착한거나 마찬가지니까!"

잭은 놀라며 반문한다.

"아니, 그게 무슨 말인가?"

앤드류는 손전등 불빛 사이로 검은 형체를 가리키며 말한다.

"사실은 저기 앞에 있는 나무 그루터기 바로 밑이 우리가 낚시할 장소라네."

놀란 듯 잭은 외마디 비명을 지른다.

"헉! 그렇다면 처음부터 속일 심산으로?"

앤드류는 매우 당연하다는 듯 답한다.

"맞네."

잭은 은근히 부아가 치밀어 올랐지만 속 좁다는 소리를 들을까 차마 말은 하지 못하고 팔짱을 낀 채 그를 노려보기만 한다. 앤드류는 아랑곳하지 않고 계속해서 말을 이어간다.

"그러나 이건 어디까지나 자네를 위해서 한 일이라는 것을 잊지 마시게나."

가뜩이나 화가 난 잭은 분을 참지 못하고 불만이 가득한 어조로 대꾸한다.

"자네 장난하나? 실컷 놀려놓고 이제 와서 나를 위해 한 일이다?"

"맞네. 나는 어디까지나 자네를 일깨워주기 위해 이 일을 꾸민 것일세."

잭은 불쾌하다는 듯 인상을 찡그린 채 그에게 다그치듯 묻는다.

"아무리 그래도 이건 너무하다고 생각하지 않나?"

끝까지 미소를 잃지 않은 채 부드러운 어조로 앤드류는 답한다.

"자네가 그렇게까지 얘기한다면 굳이 변명은 하지 않겠네. 그러나 할 말은 해야 되겠네."

"그래, 어디 한번 해보게."

잭은 무슨 말인지 한번 들어보자는 심정으로 마음을 애써 진정시킨 채 귀를 기울인다. 앤드류는 잠시 고민하다가 이내 입을 연다.

"자네는 가면 갈수록 평정심을 잃고 있네."

잭은 뜻밖이라는 듯,

"뭐라고? 내가 평정심을 잃고 있다고?"

"그렇네. 계속되는 성공에 도취해 겸손과 성실함을 잃고 대신 자네 마음속에 자만과 과시욕으로 가득 차 있다 이 말일세."

그의 계속되는 폭언(?)에 잭은 몹시 불쾌해 하며,

"무슨 근거로 내게 그딴 식으로 얘기하는 건가?"

그가 유난히 싫어하는 얘기인 줄 뻔히 알면서도 앤드류는 말을 멈추지 않는다.

"가끔 자네를 볼 때마다 전혀 다른 사람처럼 느껴질 때가 많네. 소싯적 자네 같았으면 웃고 넘어갈 일도 지금은 그냥 넘어가는 법이 없지 않는가!"

잭은 두 주먹을 불끈 쥐어 잡은 채,

"그래서?"

앤드류는 침착한 어조로 계속해서 말을 이어간다.

"자네 주위를 한번 둘러보게. 허물없이 지내던 그 오랜 벗들은 이제 다 어디로 갔는가?"

격분한 잭은 버럭 소리를 지른다.

"뭐, 이 자식아!"

존은 잠자코 듣고만 있다가 분위기가 점점 격화되자 더 이상 안 되겠는지 둘 사이를 극구 만류하기에 이른다. 그러나 이에 아랑곳하지 않고 앤드류는 끝까지 할 얘기를 한다.

"부디, 5년 전의 내 전철前轍를 밟지 마시게! 그게 자네에게 하고 싶은 마지막 충고라네."

잭은 비아냥거리며,

"우리 완벽한 인격자님께서 이제 하실 말씀이 끝나신 것 같구만."

기분이 상한 잭은 낚시가방을 맨 후 왔던 길로 되돌아가려고 한다. 앤드류는 그의 어깨를 살며시 잡으며 부드럽게 말한다.

"이왕 왔으니 낚시는 하고 가야 될 게 아닌가? 내 좋은 자리를 맡아 놨으니 어여 가시게나."

존도 같이 거들자 잭은 하는 수 없이 낚시터로 향한다. 그렇게 잭, 존, 앤드류는 나란히 일렬로 앉아 말없이 낚시에만 열중한다.

한참이 지나서도 그 둘 사이에 냉랭한 기운이 계속되자 존은 답답했는지 앤드류에게 은근슬쩍 말을 건다.

"왜 이렇게 고기가 잡히지 않죠. 보니까, 앤드류 씨는 매 시간

마다 낚아 올리시는 것 같던데. 아무래도 자리가 좋지 않은가 봅니다?"

앤드류는 기다렸다는 듯 말을 받는다.

"아닙니다. 제가 봤을 땐 자리에 문제가 있는 게 아니라 당신의 기본기에 문제가 한참 있는 것 같군요."

존은 도저히 납득이 되지 않는다는 듯 극구 부인한다.

"제가 낚시를 그다지 잘하는 편은 아니지만 기본기에 문제 있다는 말 역시 금시초문입니다."

앤드류는 살짝 미소를 지은 채 고개를 내젓는다.

"초면에 이렇게 말해서 송구스럽지만 당신의 낚시 실력은 걸음마 단계도 떼지 못한 아기 수준에 불과합니다."

그에게 무시당한다는 생각이 들자 속이 은근히 뒤틀렸지만 겉으론 태연한 척 정중하게 말한다.

"그렇다면 낚시에 대한 진리를 제게 한수 가르쳐 주실 수 있는지요."

앤드류는 자신 있게 답한다.

"예. 물론이지요. 제가 아는 데까지 가르쳐 드리겠습니다."

뭔가를 잠시 생각하는가 싶더니 대뜸 그에게 묻는다.

"존 씨는 낚시가 뭐라고 생각하십니까?"

존은 그의 질문에 쉽게 답한다.

"낚시는 훌륭한 취미이자 레포츠 수단이지요."

"예. 당신 말이 맞습니다. 그리고 낚시를 가리켜 '명상하는 사람의 레크리에이션'이라고도 하지요. 또한 '호연지기를 길러 내일의 활력소를 만든다'라는 말이 있을 정도로 낚시는 우리에게 정신적 풍족함을 주기도 합니다."

수긍한다는 듯 존은 고개를 끄덕인다.

"듣고 보니 일리가 있는 말이군요."

앤드류는 잠시 말을 멈추더니 낚싯대를 가리키며 말한다.

"이건 아까 전에 존 씨가 손에 쥐고 있었던 낚싯대입니다. 뭐가 문제인지 한번 살펴봐도 되겠습니까?"

존은 낚싯대를 앤드류에게 직접 건네며 말한다.

"예. 원하시는 대로 하세요."

말이 끝나기가 무섭게 앤드류는 낚싯대를 들어 올려 낚싯바늘에 걸려 있는 떡밥을 손전등으로 비춰본 뒤 슬쩍 만져본다.

"음. 떡밥이 너무 크고 딱딱하네요. 이래서는 날 밝을 때까지 고기 잡기 힘들겠습니다."

존은 강하게 반문한다.

"그럼 여태껏 떡밥에 문제가 있어 고기를 낚지 못했다 이 말씀이신가요?"

"굳이 떡밥 때문이라고 단정 지을 수는 없겠지만 고기를 잡지 못 하는 데에 많은 영향을 주는 것은 사실이네요."

그의 계속되는 질책에 존은 비위가 거슬렸지만 꾹 참고 재차 묻는다.

"그렇다면 어떤 식으로 떡밥을 만들어야 잘 만든다는 소리를 들을까요?"

앤드류는 떡밥통에 한움큼 물을 넣은 뒤 손으로 반죽하며 말한다.

"떡밥은 대개 야들야들하고 무른 느낌이 나도록 만드는 것이 기본입니다."

존은 재차 반문한다.

"그럼 무른 떡밥만 써야 된다는 말씀이신가요?"

앤드류는 고개를 천천히 흔들며,

"꼭 그렇지만은 않습니다. 무른 떡밥은 조과釣果효과를 높이지만 상대적으로 물고기가 입 속에서 떡밥을 물었을 경우 바늘을 쉽게 분리시킨 뒤 유유히 빠져 나가는 경우가 많기 때문에 차라리 딱딱한 떡밥이 유리할 때가 많습니다. 돌떡밥은 최소한 떡밥과 바늘을 손쉽게 분리할 수는 없을 테니까요. 오히려 돌떡밥 크기가 충분히 작다면 입질하는 데 별 영향은 없을 뿐만 아니라 돌떡밥을 바늘에서 떼먹기 위해 고기가 그만큼 깊숙이 낚시 바늘을 삼킬 가능성이 높아져 비교적 손쉽게 고기를 낚을 가능성도 높아지죠. 아참! 그리고 떡밥에 대해 한 가지 더 말씀드리자면, 같은 양의 떡밥이라 할지라도 둥근 떡밥보다는 원통형의 떡밥이 작은 고기에는 더욱 효과적입니다. 하지만 원통형 떡밥은 표면적이 넓어 고기가 떡밥을 물었을 경우 쉽게 으스러지기 때문에 떡밥 반죽을 잘하셔야 될 겁니다."

존은 그의 낚시 상식에 은근히 감탄한다.

"와, 대단하군요."

앤드류는 손사래를 치며,

"별거 아닙니다. 낚시를 조금 할줄 아는 웬만한 낚시인들이라면 다 알고 있는 상식들에 불과합니다."

앤드류는 그의 낚싯대를 들어 자기가 손수 만든 떡밥을 낚시바늘에 갈아 끼우고는 수면 멀리 낚싯줄을 던진 후 낚싯대를 세운다.

"어느 장소에서 하느냐 무슨 고기를 잡을 것이냐에 따라 미끼 쓰는 법, 입질하는 정도, 낚아 올리는 시간 등 낚시하는 방법이 제각각 틀려진다는 것은 익히 아실 겁니다. 그러나 낚시를 잘하기 위한 공통적인 요소는 있죠. 지금부터 여기에 대해 말씀드리도록 하겠습니다. 먼저 다양한 미끼를 끼워 낚시해보는 연습이 필요합니다. 어종에 따라 좋아하는 미끼가 각기 틀린 경우가 많고 끼우는 방법 역시 다양하기 때문에 미끼를 잘 만들고 잘 끼워

야만 입질을 잘하기 때문입니다."

한참 이렇게 얘기를 하고 있는데 낚싯대가 약간씩 흔들리더니 그 움직임 폭이 점차 강해지기 시작한다. 이에 흥분한 존은 추 가까이 손전등을 비춰본다. 아니나 다를까! 물길 사이로 물보라를 일으키며 낚싯줄이 이리 저리 춤추듯 움직인다.

"앗. 고기가 잡혔나 봅니다."

앤드류는 그가 가리키는 곳을 보지도 않고 낚싯대만 슬쩍 만져보더니,

"꽤 씨알이 굵은 놈이 잡힌 것 같네요. 이때가 중요합니다. 챔질에 유의하세요."

앤드류의 말이 끝나기가 무섭게 낚싯줄이 힘없이 끊어지며 존은 뒤로 나자빠진다.

"앗, 이런!"

존은 실망한 기색이 역력한 채로,

"아, 역시 잉어 챔질은 무리였나 봅니다."

앤드류는 난색하며 손을 내젓는다.

"아닙니다. 챔질은 이 정도면 꽤 잘하시는 겁니다. 단지, 타이밍을 놓친 것뿐입니다. 타이밍 잡는 연습을 조금만 더 하신다면 충분히 씨알이 굵은 놈도 잡으실 수 있을 겁니다."

존은 한숨을 내쉬며 말한다.

"그렇게 말씀해 주시니 힘은 좀 나는 것 같습니다만 아직 제게 맞는 챔질법을 찾지 못했습니다."

앤드류는 문제없다는 듯 환한 표정을 지으며 말한다.

"제가 기본적인 챔질 기술에 대해 알려 드리도록 할 테니 존씨에게 맞는 챔질법을 한번 찾아보시길 바라겠습니다."

그 말에 귀가 솔깃해진 존은 전보다 더 주의 깊게 듣는다.

"어종에 따라 미끼에 따라 챔질 타이밍과 챔질 방식을 달리 하셔야 쉽게 고기를 낚으실 수 있습니다. 챔질 기술은 여러 가지가 있지만 여기서는 주로 쓰이는 챔질 기술 위주로 말씀드리겠습니다. 우선, 낚시인들이 가장 많이 애용하는 낚시 기술인 '위로 채기'에 대해서 얘기해 보도록 하죠. 위로 채기는 뒤로 살짝 당기면서 낚싯대를 위로 들어주는 방법입니다. 특별한 노하우가 없이도 누구나 쉽게 따라 할 수 있다는 장점이 있는 반면에 정확성은 여타 챔질 기술들에 비해 떨어지는 편입니다. 그러나 초보 낚시꾼들에게는 이보다 더 훌륭한 낚시 기술은 없다고 볼 수 있죠. 다음으로 알려드릴 낚시 기술은 '몸쪽으로 당겨 채기' 입니다. 이 낚시 기술의 장점은 빠르고 정확한 걸림이 되지만 그만큼 고난이도의 태클이 필요한 기술 중 하나이기 때문에 경력이 얼마 되지 않은 낚시꾼들은 무리가 있다 볼 수 있죠. 마지막으로 제 주특기인 '좌우 옆으로 채기'에 대해 말씀드리겠습니다. 챔질 기법 중 난이도가 가장 높은 축에 속하기도 하죠. 꽂기식 낚싯대의 마디 빠짐을 방지키 위해 쓰이는 낚시 기술이기도 하며 정확성은 위 제가 말한 낚기 기술 중 가장 높다고 볼 수 있으나 잘못 내질렀다간 옆 사람에게까지 피해를 입히기도 하므로 웬만한 낚시인들은 꺼리게 되는 낚시기술 중에 하나이기도 합니다."

잠시 말을 멈춘 앤드류는 별안간 그의 낚싯대를 부여잡은 채 말한다.

"제가 말한 챔질법입니다."

앤드류는 말이 끝나기가 무섭게 직접 챔질 기술들을 하나씩 몸소 보여주며 그에게 말한다.

"이제 낚시가 뭔지 어느 정도 감이 잡히십니까?"

존은 그가 하는 챔질법을 한참 유심히 지켜보다가 고개를 갸우뚱거리더니,

"글쎄요. 뭔가 알 것 같기도 하고."

앤드류는 낚싯대를 존에게 건네주며,

"다시 한번 말씀드리지만 낚시는 기본이 가장 중요합니다. 기본기라는 것은 하루아침에 되는 것이 아니라 꾸준한 연습과 시행착오를 겪는 가운데 풍부한 경험을 쌓아야만 익힐 수 있다는 점을 기억해 두셨으면 합니다. 그렇다고 아무렇게나 연습을 하셔서도 안 됩니다. 만약 잘못된 방식으로 연습하신다면 실력 진

보 없이 퇴보만이 기다리고 있을 뿐이니까요. 꾸준한 실력 향상을 위해서는 끊임없이 연구하고, 끊임없는 변화 아래에서 갈고 닦으셔야만 합니다. 그래야 비로소 자기가 원하는 경지까지 도달할 수가 있다는 점을 기억해 주셨으면 합니다."

존은 그의 현명함에 다시 한번 놀라며 고개를 끄덕인다.

"당신의 이해를 돕기 위해 낚시에 대해 한 가지만 더 말씀드리죠. 혹시 소소익선라는 말을 들어 보셨는지요?"

"다다익선多多益善은 들어봤어도 소소익선少少益善이라는 말은 난생 처음 들어봅니다."

앤드류는 뜻밖이라는 듯,

"아. 그래요! 하지만 낚시의 세계에서는 다다익선보다는 소소익선이라는 말이 훨씬 더 잘 통하죠. 밤새면서 난리친다고 고기를 많이 낚을 수는 없는 법이니까요. 오히려 고기를 잡겠다는 욕심을 버리고 기다림 그 자체를 즐긴다면 고기는 바라지 않아도 자연스레 잡히게 돼 있습니다. 고기라는 놈도 사람을 알아보거든요. 그게 바로 소소익선의 참뜻입니다."

잭은 그들 옆에서 한참동안 묵묵히 낚시만 하고 있다가 갑자기 의자를 뒤로 제치며 일어난다.

"얘기가 다 끝난 것 같군."

잭은 떠날 채비를 하며,

"그만 가봐야겠네."

존은 그의 눈치를 슬쩍 살피고는 따라서 일어난다.

"아, 저도 이만 가보겠습니다. 안녕히 계십시오."

존과 앤드류의 투자 대담

- 다음의 글은 존과 앤드류의 낚시 대화 부분을 존과 앤드류의 투자 대화로 바꿔 응용 전환한 글임을 미리 밝혀두는 바이다.
- 존과 앤드류의 낚시 대화 부분과 비교해서 보면 재미가 극대화 될 것이다.

앤드류는 떡밥통에 한움큼 물을 넣은 뒤 손으로 반죽하며 말한다.

"투자를 할 때는 대개 기술적 분석으로 판단하고 매매하는 것이 기본입니다."

존은 납득할 수 없다는 듯 재차 반문한다.

"그럼 기술적 분석만 써서 투자해야 된다 이 말씀이신가요?"

앤드류는 고개를 흔들며 답한다.

"꼭 그렇지만은 않습니다. 기술적 분석은 매매 포착 가능성을 높이지만 상대적으로 기술적 분석을 통해서 주식을 매수했을 경우 그만큼 자주 매매하게 돼 결국 속임수형 패턴에 걸려 손실 발생 가능성을 높이므로 오히려 가치주 분석을 통해 매매하는 것이 유리할 때가 많습니다. 가치주는 매매 회수를 최소한으로 하기 때문에 수수료 손실도 적을 테니까요. 오히려 가치주 분석을 제대로 했을 경우 장기적인 시세차익을 노릴 수 있을 뿐만 아니라 배당금까지 얻을 수 있는 장점이 있어 비교적 손쉽게 수익을 낼 가능성이 높아지죠. 아참! 그리고 장 흐름에 대해 한 가지 말씀드리자면 대세 상승장에서는 어떠한 투자기술도 잘 먹힐 수 있으나 대세 하락장에서는 어떠한 투자 지표나 투자기술도 먹히지 않으니 쉬는 편이 나을 겁니다."

존은 그의 낚시 상식에 은근히 감탄한다.

"와, 대단하군요."

앤드류는 손사래를 치며,

"별거 아닙니다. 투자를 조금 할줄 아는 웬만한 투자가라면 다 알고 있는 상식들에 불과합니다."

앤드류는 그의 낚싯대를 들어 자기가 손수 만든 떡밥을 낚시바늘에 갈아 끼우고는 수면 멀리 낚싯줄을 던진 후 낚싯대를 세운다.

"어느 장세에서 투자를 하느냐에 따라 보조적 지표 활용법, 매매 포착 지점, 매매 타이밍이 제각각 틀려진다는 것은 익히 아실 겁니다. 그러나 다양한 투자 방식에도 투자를 잘하기 위한 공통적인 요소는 있죠. 지금부터 여기에 대해 말씀드리도록 하겠습니다. 먼저 다양한 차트 지표를 시장에 접목시켜 모의투자를 해보는 연습이 필요합니다. 장 흐름이 어떠냐에 따라 차트 지표 쓰임세가 각기 틀린 경우가 많고 차트 지표에 따라 투자하는 방법 역시 다양하기 때문에 장 흐름에 따라 차트 지표를 잘 고르고 분석을 해야만 수익을 낼 수 있기 때문입니다."

존은 실망한 기색이 역력해 하며 힘없이 말한다.

"아. 역시 급등주 포착은 무리였나 봅니다."

앤드류는 난색하며 손을 내젓는다.

"아닙니다. 이 정도면 꽤 잘하시는 겁니다. 단지 급등주 포착 타이밍을 놓치는 것뿐입니다.

급등주 포착 타이밍 잡는 연습을 조금만 더 하신다면 충분히 씨알이 굵은 놈도 잡으실 수 있을 겁니다.

존은 한숨을 내쉬며 말한다.

"그렇게 말씀해 주시니 힘은 좀 나는 것 같습니다만 아직 제게 맞는 급등주 포착기법을 못 찾았습니다."

문제없다는 듯 앤드류는 미소를 지은 채 그에게 자신 있게 말한다.

"제가 기본적인 급등주 포착 타이밍 기법에 대해 알려 드릴

도록 할 테니 존 씨에게 맞는 포착기법을 찾아보시길 바라겠습니다."

그 말에 귀가 솔깃해진 존은 전보다 더 주의 깊게 듣는다.

"장세에 따라 주식에 따라 급등주 포착 타이밍과 급등주 포착 방식을 달리 하여야 쉽게 수익을 낚으실 수 있습니다. 급등주 포착 기법은 여러 가지가 있지만 여기서는 주로 쓰이는 급등주 포착 기법 위주로 말씀드리겠습니다. 우선 투자가들이 가장 많이 애용하는 급등주 포착 기법인 '폭등하는 주식 잡아채기'에 대해서 얘기해 보도록 하죠. '폭등하는 주식 잡아채기'는 쉽게 말해 거래량이 터지는 상한가 시점에서 주식을 잡아채는 방법입니다. 특별한 노하우가 없어도 누구나 쉽게 따라할 수 있다는 장점이 있는 반면에 정확성은 다른 여타 급등주 포착 기법들에 비해 떨어지는 편입니다. 그러나 초보 투자가들에게는 이보다 더 훌륭한 급등주 포착 기법은 없다고 볼 수 있죠. 다음으로 알려드릴 급등주 포착 기법은 '과거 폭등 전적이 있는 주식 당겨 채기'입니다. 이 투자 기술의 장점은 빠르고 비교적 정확한 매수 포착은 할 수 있으나 그만큼 고난이도의 태클이 필요한 기술 중 하나이기 때문에 경력이 얼마 되지 않는 투자가들은 무리가 있다 볼 수 있죠. 마지막으로 제 주특기인 '오랜 기간 정체하는 주식 옆으로 채기'에 대해 말씀드리겠습니다. 폭등주 포착 기법 중 난이도가 가장 높은 축에 속하기도 하죠. 본격적으로 급등 시 거래량이 없는 점상한가로 출발해 매수하지 못하는 것을 미연에 방지키 위해 쓰이는 급등주 포착 기술이기도 하며 수익성은 위 제가 말한 급등주 포착 기술 중 가장 높다고 볼 수 있으나 잘못 내질렀다간 순식간에 하한가로 돌변해 쪽박을 찰 수도 있으므로 웬만한 투자가들은 꺼리게 되는 폭등주 포착 기법 중에 하나이기도 합니다."

잠시 말을 멈춘 앤드류는 별안간 그의 낚싯대를 부여잡은 채 말한다.

"제가 말한 폭등주 포착 기법들입니다."

앤드류는 챔질 기술들을 몸소 하나씩 보여주며 그에게 말한다.

"이제 투자가 뭔지 감이 잡히십니까?"

존은 그가 하는 챔질법을 한참 유심히 지켜보다가 고개를 갸우뚱거리더니,

"글쎄요. 뭔가 알 것 같기도 하고."

앤드류는 낚싯대를 존에게 건네주며,

"다시 한번 말씀드리지만 투자는 기본이 가장 중요합니다. 기본기라는 것은 하루아침에 되는 것이 아니라 꾸준한 연습과 시행착오를 겪는 가운데 풍부한 경험을 쌓아야만 제대로 된 투자

기술을 익힐 수 있다는 점을 기억해 두셨으면 합니다. 그렇다고 아무렇게나 연습을 하셔서도 안 됩니다. 만약 잘못된 방식으로 연습하신다면 실력 진보 없이 퇴보만이 기다리고 있을 뿐이니까요. 꾸준한 실력향상을 위해서는 끊임없이 연구하고, 끊임없는 변화 아래에서 갈고 닦으셔야만 비로소 자기가 원하는 경지까지 도달할 수 있다는 점을 기억해 주셨으면 합니다."

존은 그의 현명함에 다시 한번 놀라며 고개를 끄덕인다.

"당신의 이해를 돕기 위해 투자에 대해 한 가지만 더 말씀드리죠. 혹시 소소익선라는 말을 들어 보셨는지요?"

"다다익선多多益善은 들어봤어도 소소익선少少益善이라는 말은 난생 처음 들어봅니다."

앤드류는 뜻밖이라는 듯,

"아, 그래요! 하지만 투자의 세계에서는 다다익선보다는 소소익선이라는 말이 훨씬 더 잘 통하죠. 밤새면서 난리 친다고 수익을 많이 낚을 수는 없는 법이니까요. 오히려 수익을 내겠다는 욕심을 버리고 기다림 그 자체를 즐긴다면 수익은 바라지 않아도 자연스레 올리게 되어 있습니다. 수익이라는 놈도 사람을 알아보거든요. 그게 바로 소소익선의 참뜻입니다."

아이스키네스의 〈Dialogues〉

... PE 엔지니어링 본사 정문 앞

잭은 차창 밖으로 낚시 도구를 신경질적으로 내팽개치며 말한다.

"아~, 생각하면 할수록 열 받네. 이 낚시 도구 버리세요. 내친김에 선물로 그놈이 보내준 거는 모조리 내다 버려야 되겠습니다. 예전부터 은근히 사람을 깔보는 데가 있어 비위가 상할 대로 상해 있었는데 이참에 인맥 정리 좀 확실히 해야 되겠습니다. 당신도 그놈과는 상종하지 않는 게 좋을 거요."

존 역시 그 말이 일리가 있다는 듯 흔쾌히 답한다.

"예. 알겠습니다. 저도 그럴 참이었습니다."

그의 답변에 만족한다는 듯 고개를 끄덕이며 잭은 말한다.

"음, 그럼 내일 봅시다."

차 창문을 '쓱' 열어 그의 얼굴을 한번 쳐다보고는 쏜살같이 차를 몰고 사라진다. 존은 그가 안 보일 때까지 깍듯이 인사를 한 뒤 기숙사로 발길을 돌린다.

정작 낚시터에서는 긴장했던 탓인지 전혀 피곤함을 못 느꼈지만 기숙사 입구에 들어서자 눈 녹듯 긴장이 풀리며 졸음이 쏟아진다. 잠을 깰 요량으로 힘껏 자신의 머리를 손바닥으로 연달아 내리치지만 자기 손만 아플 뿐 아무 소용이 없다는 것을 깨닫자 이내 내리치는 것을 포기한다.

존은 정신이 몽롱한 상태로 낚시 가방을 바닥에 '질질' 끌며 기숙사에 도착해 이것저것 생각할 겨를도 없이 곧장 침대로 가 눕는다. 그리고 얼마 안 가 깊은 잠에 빠진다.

그리고 몇 시간이 지난 뒤,

존은 잘 잤다는 듯 하품을 늘어지게 한 뒤 기지개를 '쫙' 펴고 일어난다. 어제 안 씻고 잔 탓이었는지 방안에 쉰내가 가득하다. 그는 일단 창문을 활짝 열어 환기를 시킨 후 씻지 않을 요량으로 책상 서랍 속에서 향수를 꺼내 온몸 구석구석 뿌려댄다. 하지만, 의지와는 상관없이 벌레가 기어다니는 듯 온몸이 근질거리자 존은 견디지 못하겠다는 듯 팔에서 다리, 다리에서 몸통으로 긁어대기 시작한다. 피부가 손독으로 빨갛게 물들 때까지 한참을 긁어대다가 더 이상 안 되겠는지 샤워부스로 뛰다시피 가더니만 옷을 잽싸게 벗고는 샤워꼭지를 튼다.

휘파람을 신명나게 불며 한참 샤워에 열중하고 있는데 난데없이 전화벨이 울린다. 존은 온갖 짜증을 다 내며 얼굴에는 비누 거품을 잔뜩 묻히고는 바닥에 물기를 뚝뚝 흘리며 전화를 받는다.

"여보세요!"

"날세."

그의 목소리를 금세 알아듣고는 존은 반가운 목소리로,

"소크라테스 선생님. 그동안 잘 계셨습니까?"

소크라테스는 '허허' 웃으며,

"이제야. 한번에 내 목소리를 알아듣는구만."

존은 무안한 듯 대꾸한다.

"예. 그렇게 됐습니다. 아우, 따가워. 이런 제기랄!"

소크라테스는 놀라며,

"자네, 무슨 일 있는가?"

존은 고통스런 신음과 함께 눈을 마구 비벼대며 말한다.

"아, 눈에 비눗물이 들어가서."

소크라테스는 말을 빨리하며,

"음. 그래! 얼른 씻어야 되겠구만. 내 용건만 간단히 말하겠네. 오늘 저녁 8시에 시간되는가?"

"예. 됩니다."

"그럼 전에 갔었던 라티움 호텔 알지? 거기 라운지에서 보시게나."

"알겠습니다. 수고하십시오."

존은 다급하게 전화를 끊은 뒤 샤워부스로 빠른 발걸음을 옮긴다. 그러나 샤워부스 문고리를 채 잡기도 전에 바닥에 흥건히 적셔져 있는 비눗물에 미끄러져 발랑 뒤로 나자빠진다. 설상가상으로 뒤통수를 침대 모서리에 정통으로 찍히며 시뻘건 피를 흘린다. 그는 머리를 손으로 움켜잡고는 심한 고통에 몸부림을 친다.

가뜩이나 무더운데 이에 아랑곳하지 않고 털모자를 머리에 푹 뒤집어 쓴 채 라티움 호텔에 도착한 존은 호텔 벽에 걸려 있는 시계를 언뜻 보고 약간의 여유가 있다는 것을 확인하자 서둘러 화장실로 간다. 누가 볼까 재빨리 털모자를 벗어 옷걸이에 걸고는 머리에 칭칭 감겨 있던 붕대를 조심스럽게 풀어 헤쳐 열을 잠시 식힌 뒤 다시 천천히 붕대를 감는다. 상처를 꿰맨 부위에 축축하게 젖은 붕대가 서로 맞닿자 송곳으로 콕콕 찌르는 것 같은 아픔이 머리뼈 속 깊이 느껴진다. 존은 더 이상 안 되겠는지 붕대와 털모자를 좌변기 옆 휴지통에 깊숙이 쑤셔 넣고는 아무 일 없었다는 듯 손을 씻고 화장실을 빠져 나온다.

존은 손수건으로 손에 남은 물기를 닦으며 라운지 주위를 무심코 빙 둘러보다가 차창 옆 점잖게 앉아 있는 소크라테스를 발견하고는 그에게 다가간다.

"선생님 오래 기다리셨습니까?"

그는 고개를 들어 존을 그윽이 바라보며 말한다.

"아니네, 방금 전에 왔다네."

"아, 예. 다행입니다."

소크라테스는 온화한 표정을 지으며,

"요즘 자꾸 목이 타서 말야. 내가 먼저 시켰네. 자네도 어서 시키게나."

존은 정중하게 답한다.

"아닙니다. 저는 괜찮습니다."

"음. 그래. 그럼 어쩔 수 없지."

앞에 놓여져 있는 녹차에 연신 입을 축이며 소크라테스는 말한다.

"자네를 보자고 한건 내 대신 누구를 좀 만나줘야 될 것 같아서네. 괜찮겠는가?"

존은 흔쾌히,

"선생님께서 부탁하시는 건데 뭐든 못하겠습니까!"

"그렇게 말해주니 고맙네."

소크라테스는 양복 안주머니에서 황금색 편지봉투와 약도를 꺼내 그에게 건넨다.

"그럼, 내일 12시까지 이걸 전해 주게나. 자네가 기억해야 할 점은 그가 편지를 읽는 것을 반드시 확인해야 한다는 것일세. 그리고 무언가를 건네줄 테니 받아 오시게나. 참고로 그의 필명은 아이스키네스라네. 투자 강연가로 활동하고 있지. 아참, 그리고 이건 강연 초청장일세. 이왕 가는 김에 그가 하는 강연이나 듣고 오시게."

존은 의아해하며 조심스럽게 반문한다.

"도대체 무엇을 받아오라는 것인지."

소크라테스는 알 수 없는 미소를 머금은 채 말한다.

"가보면 차차 알게 될 것이네."

존은 황금색 봉투만 그에게 건네고 기숙사로 돌아가려는 생각에 약속시간보다 10분 일찍 소강당에 도착한다. 그러나 길게 줄을 서서 순서를 기다리고 있는 수많은 청중들을 보자 할 수 없이 강연을 듣기로 마음먹는다. 한참 동안 줄을 선 끝에 겨우 초청장을 창구에 접수시킨 존은 뒷자리 구석에 자리를 잡고 앉는다.

잠시 뒤, 누군가가 강당 선상에서 마이크를 잡고 큰소리로 말한다.

"안녕하세요. 여러분! 아이스키네스입니다."

수많은 청중들에게서 열광적인 환성 소리와 박수갈채가 쏟아진다.

"아, 예 이렇게 환호해 주시니 몸 둘 바를 모르겠습니다."

그는 주위를 한번 둘러보다가 특정한 청중을 손으로 가리키며,

"그러고 보니 여기 많이 본 분도 계시네요. 멋지십니다!"

그가 가리킨 청중은 부끄러웠는지 얼굴이 금세 새빨개진다. 아이스키네스는 그 모습을 보고는 살짝 미소를 지어 보내며 펜을 손에 쥐더니만 화이트보드에 크게 '고찰'이라는 단어를 적는다.

"오늘은 '옵션 투자에 대한 짧은 고찰!'이라는 주제를 가지고 얘기를 나눠볼까 합니다. 우선 말하기에 앞서 옵션에 대한 여러분들의 생각을 듣고 싶습니다."

기다렸다는 듯 청중들 가운데 한명이 손을 번쩍 든다. 아이스키네스는 그를 지목하며,

"예. 선생님 말씀해 주십시오."

그는 자리에서 일어나 아이스키네스에게 마이크를 건네받자

씩씩하게 답한다.

"안녕하십니까! 중소기업에서 관리부장으로 일하고 있는 조지 웨런이라는 사람입니다. 지금부터 제가 생각하는 옵션에 대해 말씀드리도록 하겠습니다."

그는 잠시 목을 가다듬더니 계속해서 말을 이어간다.

"옵션은 희노애락喜怒哀樂이라는 필로소피(철학)가 가미된 일종의 고행적 기행 활동이라 생각합니다. 제 경험에 빗대어 그 이유를 말씀드리겠습니다. 처음 이 옵션이라는 놈을 알게 되었을 때는 그냥 취미 삼아 투자를 하는 정도였죠. 그런데 신기하게도 돈을 착착 벌더라구요. 심지어 전에 제가 대기업에서 받았던 월급보다 더 많이 번 적도 있었습니다. 그러나 그게 고행의 시작이 될 줄은 꿈에도 몰랐었습니다. 만일, 제가 지금 이렇게 될 줄 알았더라면…."

그는 고개를 떨구며 잠시 입을 다문다.

"눈이 뒤집혔나 봅니다. 돈을 점점 많이 만지다 보니까 무서운 게 없어지더라구요. 급기야 친척 돈, 친구 돈 할 것 없이 계속해서 끌어다가 옵션에 투자를 했었죠. 마치 무언가에 홀린 것 처럼요. 그러다 어느 순간엔가 제가 생각하는 방향과 정 반대 방향으로 가기 시작했습니다. 제가 대처하기 힘들 정도로 급작스럽게 말이죠. 정말 눈 깜짝할 사이에 이 옵션이라는 괴상망칙한 물건 때문에 송두리째 모든 것을 잃게 되었습니다. 심지어 내가 사랑하는 아내와 자식까지도요."

그는 짧게 한숨을 한번 쉰 뒤,

"너무도 많은 빚을 지고 나니 며칠 뒤에 집이든 차든 보이는 건 모두 빨간 경매 딱지가 붙더군요. 그리고 얼마 안 가 회사까지 그만둘 수밖에 없었습니다. 퇴직금으로 우선 발등에 떨어진 불부터 꺼야 했으니까요. 일단 급한 돈부터 다 갚고 나니 수중에 남는 돈이 한푼도 없더라구요. 그때는 절망 그 자체였습니다. 빚도 아직 수두룩하게 남아 있는데 수중엔 버스 탈 돈도 없었으니까요. 사는 게 고통스러워 죽을 결심으로 한강 다리 난간 앞을 몇 번이나 오간 적도 있었습니다. 그런데 한강 다리 앞에만 서면 보이지 않는 누군가가 제 다리를 잡는 모양인지 이상하게 발길이 떨어지지 않더라구요."

그는 눈을 감은 채 씁쓸한 미소를 지으며 지난 일을 잠시 회상하다가 어렵게 말문을 다시 연다.

"마음을 겨우 고쳐 잡고 막노동판을 전전 긍긍하며 하루하루를 정말 힘들게 살았습니다. 온몸에 상처 하나 안 난 곳이 없을 정도였으니까요. 만날 펜대만 굴리던 놈이 노가다를 1년 정도 하니까 이 일도 손에 익더구만요. 그러다 아주 우연히 전에 절친했던 공사장 관리직에 있는 한 친구를 만나게 되었습니다. 아~, 그 친구를 보니 어찌나 부끄럽고 창피스러웠던지 쥐구멍이라도 있으면 숨고 싶은 심정이었습니다. 제가 한참 잘나갈 때는 공사장에 일하고 있던 그 친구를 속으로 비웃고 무시했던 적이 많았거든요. 역시 사람일은 아무도 모르는 모양입니다. 어쨌든 그 고마운 친구 녀석 도움으로 작은 중소기업에 취직하게 되었죠. 그리고 10년이 지난 오늘에서야 빚을 다 갚고 겨우 플러스 인생을 살고 있습니다."

청중들의 우레와 같은 박수 소리가 들려오자 그는 가볍게 목례를 한 뒤 말을 계속해서 이어간다.

"마지막으로 한마디만 더 하겠습니다. 옵션이라는 건 절대로 아무나 해서는 안 되는 상품이며 철저하게 준비해서 투자를 한다고 해서 수익을 낸다는 보장도 없는 매우 위험천만한 상품이라는 점입니다. 한마디로 말하자면 악마와도 같은 상품이라는 거죠. 그런 상품이기에 옵션에서 돈을 번다고 자만해서는 안 됩니다. 이건 단지 당신의 호주머니를 '탈탈' 털어내려는 악마의 얄팍한 속임수에 불과하니까요. 제 얘기는 여기까지입니다."

아이스키네스는 그에게 마이크를 건네받으며 말을 이어간다.

"이렇게 어려운 말씀 주셔서 감사합니다. 선생님께서 하신 말씀 중에 '옵션은 악마다!' 라는 표현이 참으로 마음에 와 닿는군요. 저 역시 그 말에 동의는 합니다만 그렇다고 무조건 옵션을 매도할 필요까지는 없다고 생각합니다."

아이스키네스는 화이트보드에다 한자로 크게 '刀'라고 쓴 다음 계속해서 말을 이어간다.

"옵션은 양날의 칼과도 같습니다. 즉, 다시 말하자면 우리에게 파멸을 안기는 악마가 될 수도 있지만 우리에게 행복을 주는 친구가 될 수도 있다는 것을 뜻하지요."

아이스키네스는 청중들을 둘러보며,

"그렇다면 옵션을 우리의 친구로 만드는 비결은 무엇이 있을까요?"

청중들 중 한명이 큰소리로 말한다.

"혹시, 위험관리가 아닐까요?"

아이스키네스는 그를 가리키며,

"예. 바로 그겁니다. 그렇다면 위험관리가 무엇인지도 확실하게 아시겠네요?"

그 청중은 당연하다는 듯한 말투로,

"손절매, 분할투자, 분산투자죠."

짐짓 놀란 표정을 지은 채 아이스키네스는 그를 추켜세운다.

"오우, 잘 아시는군요. 대단하십니다! 그러면 마지막으로 한 가지만 더 여쭤 봐도 되겠습니까?"

자신 있다는 표정을 지은 채 그는 당당하게 말한다.

"뭐, 얼마든지!"

"선생님께서는 위험관리를 잘 하시는 편이십니까?"

이 말을 듣자 그는 풀이 죽은 듯 금세 맥 빠진 목소리로 대꾸한다.

"글쎄요. 저는 위험관리를 잘한다고 생각은 하는데…."

아이스키네스는 환한 미소를 그에게 지어 보이며,

"무안을 주고자 하는 말이 절대 아닙니다. 선생님께서 실력이 어느 정도 되시는지 순수한 차원에서 물어보고자 하는 것이니 솔직하게 답변해 주셨으면 합니다. 다시 한번 묻겠습니다. 선생님께서는 위험관리를 잘하십니까?"

그는 모기만한 목소리로,

"아… 니… 오."

"괜찮습니다. 선생님뿐만 아니라 모두가 겪는 일이기도 하지요. 위험관리라는 건 모두가 익히 알면서도 뜻대로 되지 않는 놈입니다."

아이스키네스는 화이트보드에 '無慾(무욕)'이라는 한자를 적는다.

"위험관리를 제대로 하기 위해서는 자신의 욕심을 절제할 줄 알아야 합니다. 그러나 쉽게 안 되는 일 중에 하나지요. 안 그렇습니까?"

모두 그런 경험이 있는 모양인지 청중들은 하나같이 고개를 끄떡인다. 그는 잠시 주위의 반응을 살피다가 말을 계속해서 이어나간다.

"강제적으로라도 욕심을 절제하셔야만 됩니다. 그래야만 옵션이라는 악마의 소굴에서 벗어날 수 있습니다. 절제야말로 수호신 역할을 하는 셈이죠."

아이스키네스는 힘주어 말하기 시작한다.

"지금부터 제가 '강제적 욕심 절제 접근 기본적 방식'에 대해 말씀드리도록 하겠습니다. 뭐, 말은 거창한 것 같지만 알맹이를 꺼내보면 굉장히 쉬운 단어들로 이루어져 있죠. 한마디로 말하자면 여유자금으로 투자하라는 겁니다. 그러나 이 역시 마음대로 안 되긴 마찬가지죠. 조금이라도 돈을 잃거나 벌기라도 한다면 당신의 마음속에는 점차 욕심이 들어찰 테고 얼마 안가 이성을 잃고 돈을 더 투자하려고 난리를 치겠죠! 그럴 바에야 욕심이라는 이름을 가진 마귀 발목에다가 족쇄를 채우는 겁니다. 그렇게 되면 함부로 족쇄를 풀고 날 뛰지는 못할 테니까 말이죠. 지금 여기 앉아 계신 모든 분들은 적금이라는 상품을 들어보신 적이 있을 겁니다. 여러 가지 제약 조건 때문에 함부로 깨기 난처한 상품 중에 하나죠. 이런 특성을 이용해 족쇄를 채우실 수 있습니다. 즉, 욕심으로 인해 투자할 가능성이 높은 자금을 미리 떼내어 적금에 묻어두고 나머지 여유분만으로 옵션 쪽에 투자하라는 얘기죠. 그렇게 되면 효과적으로 욕심을 절제하실 수 있습니다. 하지만 일부 투자가들에게는 이 역시 약발이 안 먹히는 경우도 있습니다. 즉, 더욱 더 강력한 족쇄가 필요하다는 말이 되겠죠. 적금이라는 건 어느 정도 마음만 먹으면 쉽게 깰 수 있는 상품에 불과하니까요."

목이 말랐는지 아이스키네스는 잠시 말하는 것을 멈추고 물 한 모금을 마신 뒤 얘기를 계속 진행해 나간다.

"지금부터 적금보다 훨씬 강도가 세다고 볼 수 있는 족쇄 상품을 알려드리도록 하겠습니다."

아이스키네스는 화이트보드에 적혀 있는 글자들을 지우고 새로이 保險(보험)과 閉鎖(폐쇄)라는 단어를 차례대로 적는다.

"우선 보험에 대해 말씀드리도록 하지요. 보험에는 여러 가지 상품이 있을 수 있겠지만 그 중에서도 해지가 가장 어렵고 만기가 돼야만 원리금을 찾을 수 있는 보험에 가입하세요. 그리고 매달 일정액을 불입하는 겁니다. 그렇게 되면 옵션에서 돈을 잃는다 해도 추가로 돈을 납부하는 일은 없겠죠. 또 다른 방법은 폐쇄형 펀드에 가입하는 방법도 있습니다. 폐쇄형 펀드 역시 대개 만기가 되기 전까지는 중도 환매가 어렵기 때문에 어느 정도 기간까지는 확실하게 족쇄를 채워줄 수가 있을 겁니다. 그러나 어떠한 상품도 완벽하게 족쇄를 채워줄 수는 없습니다. 마음만 먹는다면 중도해지나 상환이 가능하니까요."

아이스키네스는 손목시계를 들여다보고는 책자를 덮는다.

"그러고 보니까, 벌써 한 시간이 훌쩍 지나가 버렸군요. 10분만 쉬었다가 본격적으로 옵션 차트에 대한 얘기를 나눠보도록 하겠습니다."

편지를 전해줄 기회를 계속해서 엿보고 있던 존은 그가 대기실로 들어가는 것을 보자 이때다 싶어 재빨리 뒤쫓아 들어간다.

존은 대기실문을 가볍게 두드려 인기척을 낸다.

"예. 들어오세요."

아이스키네스는 강연 대본을 살펴보고 있다가 존이 들어오자 미소를 지으며 먼저 말을 건넨다.

"어떻게 오셨습니까?"

어떻게 말을 할지 망설이다가 강연 시간이 얼마 남지 않은 것을 깨닫자 마음이 다급해진 그는 이것저것 정황을 살펴볼 필요도 없이 요점부터 말한다.

"혹시 소크라테스 선생님을 아시는지요?"

아이스키네스는 심히 놀란 눈치로 반문한다.

"예! 물론 알다마다요. 실례지만, 소크라테스 선생님을 어떻게 알고 계시는지 여쭤 봐도 되겠습니까?"

존은 잠시 생각을 하더니 말문을 연다.

"우연치 않게 선생님을 만나 많은 일깨움을 받았습니다. 고마운 분이시죠."

고개를 끄덕이며 아이스키네스는 미소를 짓는다.

"아, 그렇군요."

존은 벽에 걸려 있는 시계를 쳐다보고는 재빨리 말한다.

"시간도 없고 하니 요점만 간단히 말씀드리겠습니다."

존은 주머니에서 소크라테스 친필이 적힌 황금색 편지를 꺼내 그에게 건넨다.

"소크라테스 선생님께서는 이걸 전해주라 당부하셨습니다. 실례지만 여기서 한번 읽어 봐주시면 안 되겠습니까?"

아이스키네스는 알겠다는 듯 그 자리에서 조심스럽게 편지 봉투를 뜯어 훑어보기 시작한다. 곧이어, 그는 눈을 한번 크게 뜨더니 의미심장한 표정으로 존을 유심히 쳐다본다.

편지를 읽는 것을 확인한 존은 대기실 문 밖으로 발걸음을 옮긴다.

"이제 그만 가보겠습니다."

아이스키네스는 다급한 목소리로,

"아, 잠깐만 기다리세요!"

존은 깜짝 놀라 고개를 뒤로 돌려 그를 바라본다.

그는 가방 안에서 황금빛 포장을 씌운 조그마한 박스를 꺼내 존에게 건넨다.

존은 깜빡했다는 듯,

"아! 이게 소크라테스 선생님께서 받아오시라는 물건이군요. 혹시 이게 뭔지 여쭤 봐도 되겠습니까?"

"이건, 제가 시중에 출간한 'Dialogues'라는 제목의 증권 핸드북입니다. 그러나 당신에게 준 이 핸드북은 시중에 나와 있는 책자와는 틀린 점이 많죠. 각장마다 여러 주석들이 빼곡히 적혀 있으니까요."

존은 궁금했는지 그에게 재차 묻는다.

"그럼 선생님께서 주석註釋을 일일이 직접 붙이셨다는 겁니까?"

아이스키네스는 잔잔한 미소를 머금은 채 고개를 천천히 좌우로 내젓는다.

"그건 저도 잘 모르는 일입니다."

그렇게만 얘기하고말자 존은 궁금증이 일어 견딜 수가 없었지만 다짜고짜 물어볼 수도 없는 일이라 하는 수 없이 고개만 끄덕인다. 아이스키네스는 천천히 자리에서 일어나며 말한다.

"이제, 강연하러 가야 되겠네요. 어떻게 하시겠습니까? 계속 듣고 가실 겁니까? 아니면?"

그의 말에 얼버무릴 말이 딱히 생각나질 않는 모양인지 존은 한참 망설이다가 더듬더듬 답한다.

"저도 선생님이 하시는 말씀을 끝까지 듣고 싶지만 제가 조금 바쁜 일이 있어서."

아이스키네스는 아쉽다는 표정을 지으며,

"아~, 그래요! 정말 안타깝군요. 그럼 다음에라도 사적으로 만나 허심탄회하게 얘기할 수 있는 자리를 마련했으면 좋겠군요."

"그렇게만 해주신다면 저야 물론 영광이지요."

존은 정중하게 인사를 한 뒤 대기실문을 나선다.

〈Dialogues〉에서 발췌한 캔들 분석 BEST 10

캔들 패턴 파악시 주의 사항

과거 캔들 분석을 통해 합당하다고 판단되는 상승, 하락 가능성이 높은 캔들 패턴을 나열한 것에 불과하므로 미래 시점에서는 해당 캔들 패턴이 맞아 떨어지지 않을 공산도 매우 크다. 그러니 맹신은 절대적으로 금물.

캔들 분석 핵심 포인트

지렛대 역할을 하는 50%률선을 주목하라. 50%률선이란 해당 캔들 몸통을 반으로 나눈 지점(만일, 위·아래꼬리가 캔들 몸통보다 길 경우에는 경우에 따라서 위·아래꼬리를 반으로 나눌 수도 있다.)으로써 상승, 하락에너지를 파악하는 데 중요한 역할을 하는 것으로 보여진다.

| 상승 에너지 강한 순 BEST 5 |

BEST 1 급전환 급등 패턴(강력한 급등 암시형)

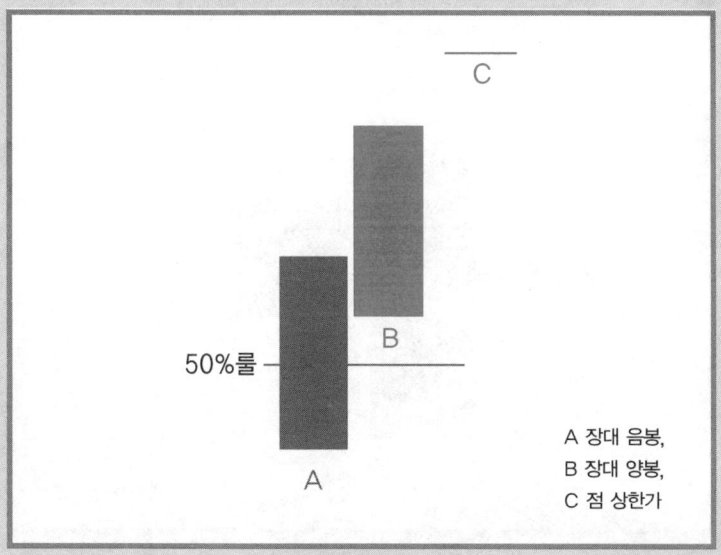

패턴 설명 장대음봉(A) 발생시키며 급격한 하락 흐름 예상, 그러나 50%룰선을 강하게 상향 돌파하는 장대양봉(B)발생시키며 상승에너지로 급전환, 이후 점상한가(C) 패턴은 상승에너지를 더욱 강력하게 만들어주는 역할을 함. 앞으로 급격한 상승 움직임 가능성 높음.

BEST 2 반전형 상승 암시 패턴(상승 지속세 암시)

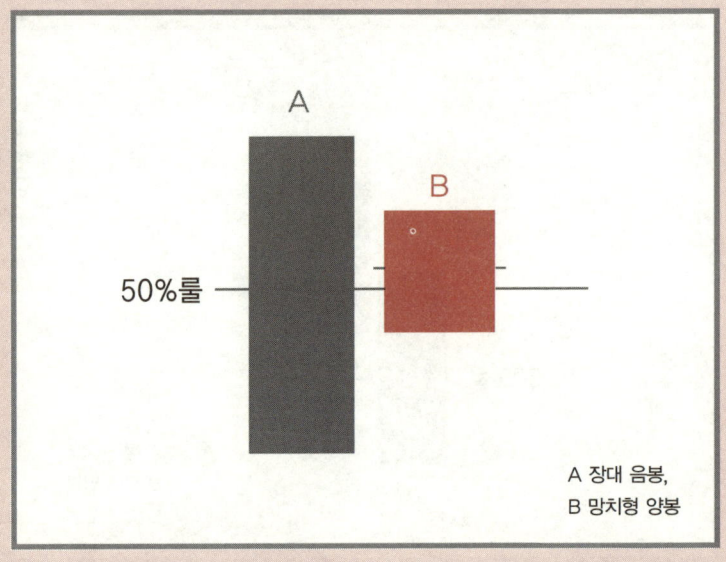

패턴 설명 급격한 하락움직임을 높인 듯 보였으나(A 장대 음봉) 예상을 깨고 50%룰선을 상향관통하는 망치형 양봉(B)을 발생시킴으로써 상승에너지로 급전환, 추후 상승 움직임 기대해 볼만!

BEST 3 역전환 상승 패턴(단기간 상승 패턴 암시)

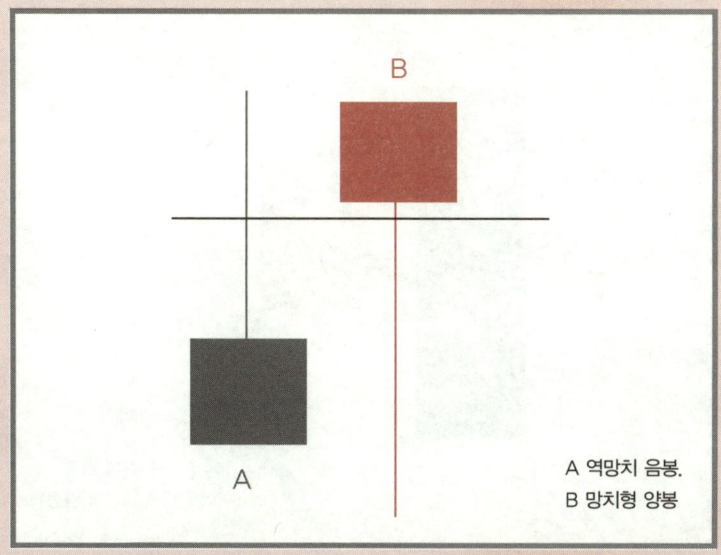

A 역망치 음봉.
B 망치형 양봉

패턴 설명 몸통보다 긴 위꼬리 음봉 발생(A)하며 약세 움직임. 그러나 예상과는 달리 저점을 높이는 망치형 양봉 발생시키며(B) 극적인 상승에너지 반전! 추후, 강한 상승에너지보다는 조정을 지속적으로 받으며 꾸준한 상승 움직임으로 갈 가능성이 매우 높은 상태라 볼 수 있다.

BEST 4 급락 반전 패턴(조정 후 강세 지향적 흐름)

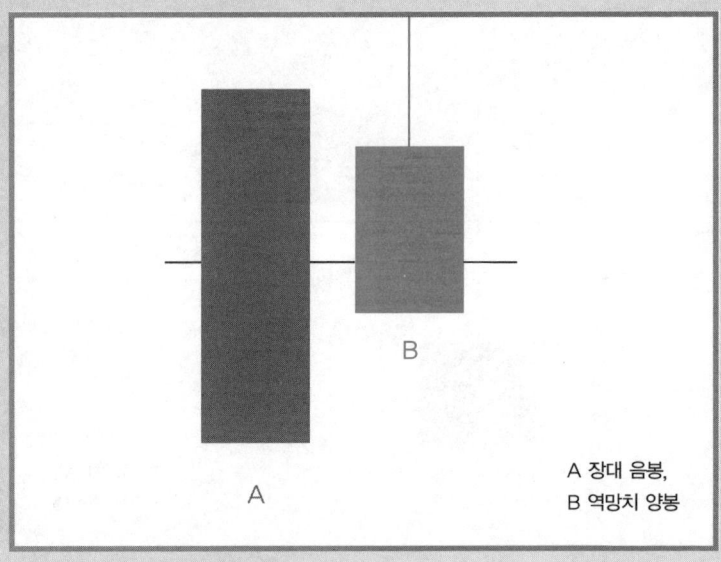

A 장대 음봉,
B 역망치 양봉

패턴 설명 장대 음봉 발생(A)은 두 가지 상반된 흐름을 가질 수가 있다. 추후 급격한 하락 움직임으로 갈 수 있다는 약세 지향적 흐름과 큰폭 하락(A)으로 인해 반등할 수 있다는 강세 지향적 흐름을 생각해 볼 수 있으며 여기서는 역망치형 양봉(B)이 발생하며 상승의 불씨를 살렸으므로 추후 강세 지향적 흐름이 예상된다.

BEST 5 상승 보합 패턴(불규칙적인 상승형 암시)

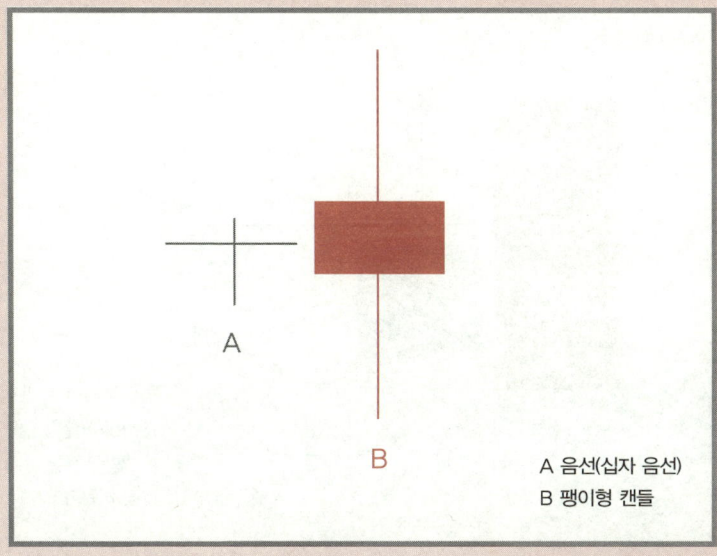

A 음선(십자 음선)
B 팽이형 캔들

패턴 설명 음선(A)과 팽이형 캔들(B)이 연속적으로 발생했을 경우 장중 흐름이 매우 불규칙하다는 의미가 될 수 있으므로 추후 당분간은 횡보 장세를 예상해 볼 수 있다.

| 하락 에너지 강한 순 BEST 5 |

BEST 1 급전환 급락 패턴(강력한 하락 암시형)

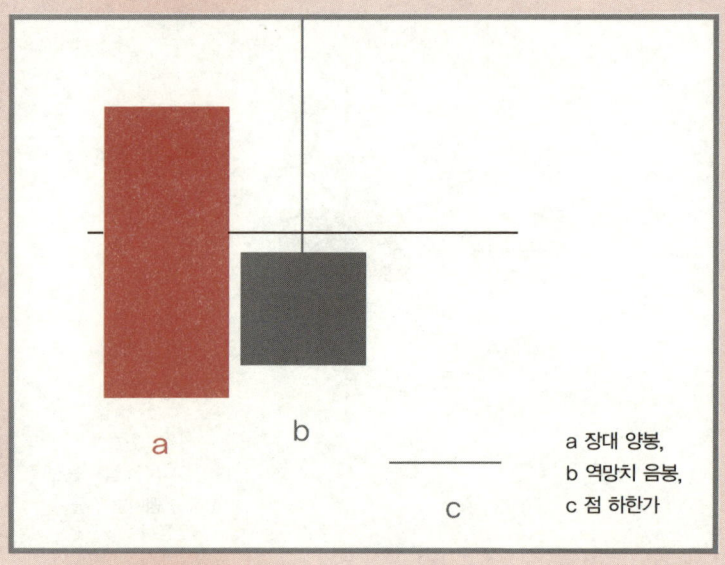

a 장대 양봉,
b 역망치 음봉,
c 점 하한가

패턴 설명 장대 양봉(a)이 발생하는 것으로 볼 때 상승이든 하락이든 단기적으로 급격한 에너지 흐름을 보일 가능성이 매우 높음. 이후, 긴 윗꼬리를 발생시키며 음봉 발생 이후(b) 점하한가(c)로 내려앉음으로써 추후 급격한 하락에너지 가능성을 점차 높이는 상태라 볼 수 있음.

BEST 2 연속 하락 패턴(지속적인 하락 암시)

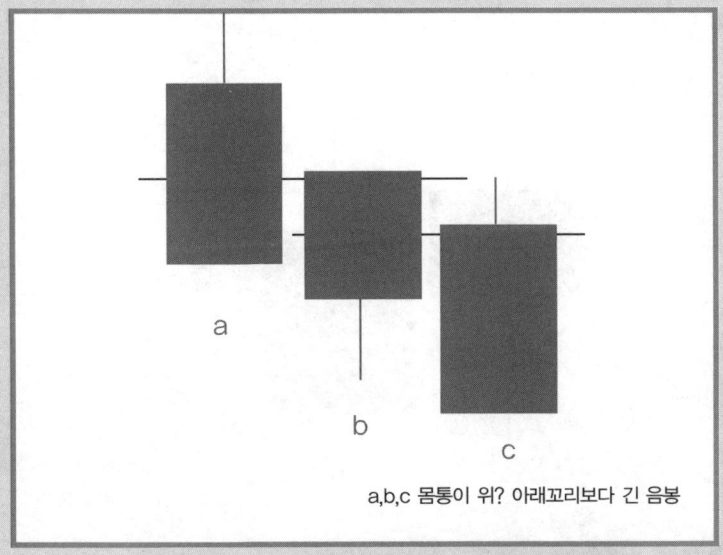

a,b,c 몸통이 위? 아래꼬리보다 긴 음봉

패턴 설명 50%룰선을 하향 관통한 연속된 음봉이 3개 이상 발생할 경우(a,b,c) 추후 지속적인 하락세 영향에서 벗어나기 힘들 가능성이 매우 높다.

BEST 3 중립형 하락 패턴(불규칙적인 하락 암시)

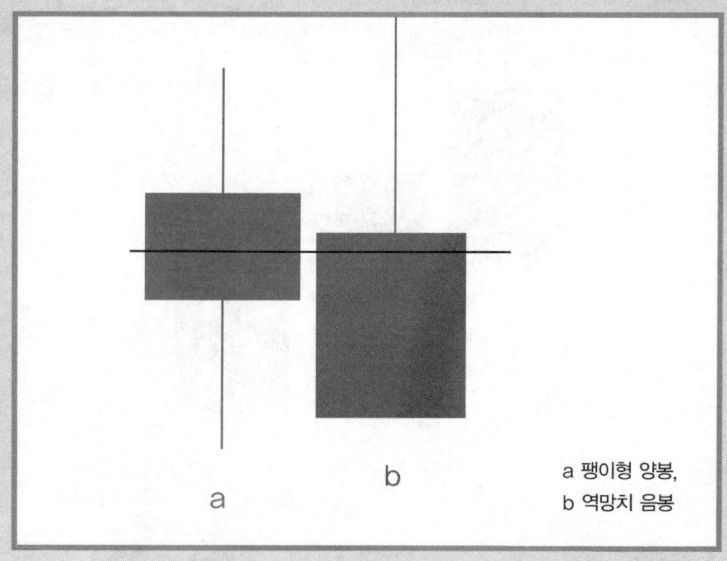

a 팽이형 양봉,
b 역망치 음봉

패턴 설명 장중 불규칙적인 흐름을 가늠할 수 있는 팽이형 양봉발생 후(a) 50% 룰선을 하향 관통하는 윗꼬리를 단 음봉이 발생할 경우 추후 지속적인 하락 영향을 받을 가능성 높다.

BEST 4 역전된 급락 패턴(단기간 급격한 하락 암시)

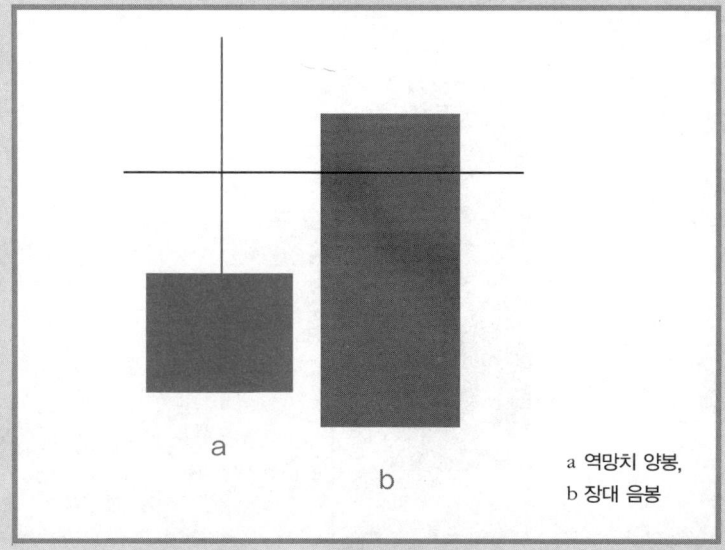

a 역망치 양봉,
b 장대 음봉

패턴 설명 윗꼬리를 발생시키며 하락에너지(a)의 영향을 받는 상태에서 장대 음봉(b)의 발생은 추후 급격한 하락 움직임과 반등 가능성 그 두 가지 흐름으로 예상할 수 있으며 해당 패턴으로 봤을 때 50%룰선 음봉 몸통을 하향 관통하는 것으로 보아 하락 가능성이 더 높은 상태로 볼 수 있다.

BEST 5 급전환 반전 패턴(상승 후 하락반전 암시)

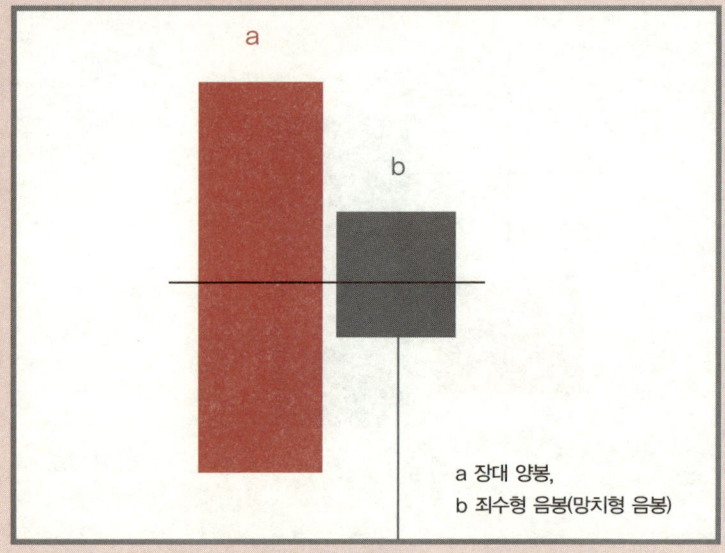

a 장대 양봉,
b 죄수형 음봉(망치형 음봉)

패턴 설명 장대 양봉(a) 발생 후 음봉 발생하며 하락 신호가 발생(b)하나 해당 하락 신호(b)가 큰폭 상승으로 인한 조정 가능성도 무시하지 못하므로 하락 가능성이 확실하다고 단정 지을 수는 없는 상태. 즉, 어느 쪽에 우세하다 판단 내리기 매우 어려우므로 한동안 관망세 유지.

깨달음, 그리고 다시 투자의 세계로

전화상으로 소크라테스가 묻는다.

"지금 와서 얘기한다고 뜬금없다 생각할 수도 있겠지만 그래도 자네에게 물어볼 말이 있어서 전화했네. 괜찮겠는가?"

존은 흔쾌히,

"저야 물론 괜찮지요!"

소크라테스는 신중을 기하며 묻는다.

"혹시, 아이스키네스라는 친구에게 무슨 선물을 받지 않았는가?"

존은 잠시 생각에 잠기는 듯하더니 이윽고 입을 연다.

"책 한 권을 받은 기억이 납니다."

소크라테스는 쏘아붙이는 듯한 말투로,

"음. 그래! 책에 적혀 있던 수많은 주석(註釋)들도 당연히 살펴보았겠지?"

예기치 못한 질문에 존은 곤혹스러워 하며 말을 얼버무린다.

"예. 훑어보기는 했지만 자세히는…."

한심스럽다는 듯 소크라테스는 혀를 내두르며 말한다.

"내가 보기에 자네는 성공하기 틀린 것 같네."

존은 놀라며,

"예? 그게 또 무슨 말씀이신지…."

힘주어 소크라테스는 얘기한다.

"성실한 마음으로 물리칠 수 없는 곤란은 없지. 그러나 자네는 성공의 근원이 되는 성실한 자세가 되어있질 않으니 성공하기 틀렸다 이 말일세. 혹시 성공의 칼날이 무뎌진 게 아닌가?"

존은 강하게 반박하며,

"그건 절대로 아닙니다. 날밤을 꼬박 새우며 공부한 지도 하루 이틀이 아닙니다! 아마 쏟은 코피만 해도 한 트럭분은 될 겁니다."

소크라테스는 의외라는 말투로,

"그래! 듣던 중 반가운 소리구만."

소크라테스는 의미심장한 어조로 재차 말을 이어간다.

"전화를 끊기 전에 마지막으로 내 한 가지 말해둠세. 자네가 투자를 통해 진심으로 성공코자 한다면 반드시 〈Dialogues〉에 적혀 있는 주석들에 대해 곰곰이 한번 생각해 보게나. 자네를 성장시키는 데 반드시 많은 도움이 되어줄 테니까 말야!"

"그렇다면 혹시 주석을 선생님께서?"

소크라테스는 간간히 웃음 섞인 목소리로,

"글쎄, 그건 나도 잘 모르는 일일세."

전화를 끊은 뒤 존은 곰곰이 생각에 잠기다 한쪽 구석에 아무렇게나 내팽개쳐 놓았던 〈Dialogues〉책을 다시 꺼내 먼지를 훌훌 털어내고 주석 부분만 대충 한장 한장씩 넘겨보기 시작하다가 무릎을 '탁' 하고 치며 외마디 함성을 지른다.

"헉! 내가 왜 이걸 진작에 몰랐지!"

존은 떨리는 손으로 세세하게 탐독하기 시작한다. 그러다 무언가를 깨달은 모양인지 '소크라테스와의 대화' 공책을 펴 미친 듯이 뭔가를 적기 시작한다.

1년이 지난 어느 날.

잭은 놀라며,

"뭐, 회사를 그만두겠다고! 자네 제 정신으로 하는 말인가?"

존은 굳은 표정으로 무덤덤하게 말한다.

"오랜 기간동안 절치부심하며 신중에 신중을 기한 끝에 내린 결정입니다. 이제, 잃어 버렸던 제 자신을 찾고자 하는 것이니 너무 염려하지 마시고 보내 주십시오."

존이 그렇게까지 나오자 잭은 당혹스러움을 감추지 못한 채 잠시 고심하는가 싶더니 파격적인 조건을 제시하기에 이른다.

"자네가 그만두면 회사에 막대한 차질이 생기네. 혹시 과장 자리가 탐탁지 않아서 그러는 거라면 지금 당장 부장으로 아니, 그럴 필요 없이 이사로 바로 승격시켜 주도록 하겠네. 그리고 연봉도 5배 이상 올려주도록 하겠네. 이 정도 대우면 자네도 충분히 만족할 수 있을 걸세."

존은 고개를 내저으며 말한다.

"대우가 불만족스러워서 그런 게 아닙니다. 사장님께서 지금까지 저한테 베풀어주신 것만으로도 늘 감사하게 생각하고 있습니다. 제가 회사를 그만두고자 하는 건 이제 제가 진정으로 원하는 길을 가고자 하기 때문입니다."

잭은 도저히 납득이 되지 않는 모양인지 인상을 한껏 찡그리며 말한다.

"하지만 말일세."

그가 무슨 말을 할지 이미 다 알고 있다는 듯한 의미심장한 미소를 지어보이며 존은 계속해서 말을 이어간다.

"이미 그러실 줄 알고 제 일을 대신할 만한 뛰어난 인재를 몇 명 육성시켜 놨으니 일에 차질이 생기는 일은 결코 없을 겁니다."

존은 호주머니에서 작은 명단 쪽지를 꺼내 그에게 건네준다. 잭은 잠시 명단을 눈여겨보는 척하다가 영 마음에 내키지 않는 모양인지 착잡한 표정을 지은 채 말한다.

"자네 다시 한번만 좋은 방향 쪽으로 고려해 볼 수는 없겠나?"

존은 번복할 의사가 없다는 듯 결의에 찬 눈빛으로 강경하게 말한다.

"죄송합니다. 제 마음은 변하지 않습니다. 어떠한 이유에서든 지금 이루고자 하는 일을 하지 않는다면 평생 죄책감과 후회 속에 살게 될 테니까요. 저는 반드시 이 일을 해야만 합니다. 아니, 기필코 해내야만 합니다. 그렇지 않으면…."

그의 말을 다 듣지도 않은 채 잭은 낙담한 듯 힘없이 말한다.

"알겠네. 자네의 의지가 이토록 확고하니 보내줄 수밖에 없겠지."

이 말이 끝나자 왠지 모를 어색한 적막함과 고요함이 잠시 그들 사이를 스쳐지나간다. 잭은 알 수 없는 가벼운 외마디 신음소리와 함께 말을 이어간다.

"부탁 한 가지만 해도 될까! 자네가 무슨 일을 꾀하고 있는지는 확실히 모르겠지만 말야. 자네가 생각하는 일이 무사히 끝난 다면 다시 돌아와 줄 수 있는 거겠지?"

존은 선뜻 답한다.

"예. 물론이지요."

"알겠네. 그럼 이 사표는 수리하지 않도록 하겠네."

잭은 그가 보는 앞에서 사직서를 시원스럽게 찢는다.

"반드시 다시 돌아와야 하네. 그리고 자네가 풀지 못할 어려운 일이 생긴다면 그것이 무슨 일이든 반드시 내 도움을 청하게. 내 영향력이 닿는 한 힘껏 자네를 도와주도록 하겠네."

그의 넓은 도량에 감탄한 존은 마음에서 우러나는 진심 어린 감정으로 말한다.

"감사합니다. 사장님의 은혜는 결코 잊지 않도록 하겠습니다."

잭은 온화한 미소를 그에게 지어 보내며 고개를 천천히 양 옆으로 흔들며,

"아닐세. 오히려 내가 더 고맙지. 자네가 회사를 위해 밤낮을 가리지 않고 아낌없이 능력을 발휘한 덕에 우리 회사가 이만큼 번창할 수 있었으니까 말야. 그러고 보니 여태껏 자네를 소홀히 대한 것 같아 미안한 감이 없지 않아 있네."

존은 그 말을 듣자 엄청난 빚을 지고 도망자 신세가 되며 제

앞가림도 하지 못할 정도로 고생했던 1년 전의 일들이 눈앞에 생생하게 스쳐지나간다.

"제가 지금까지 이렇게 될 수 있었던 건 소크라테스 선생님과 파이돈 사장님께서 계셨기 때문입니다. 만일 두 분이 계시지 않았더라면 저는 아마…."

잭은 그 말을 듣자 심기가 불편했는지 언짢은 표정을 지으며 대놓고 존을 꾸짖는다.

"그런 약해 빠진 소리는 하지도 말게. 이 모두 자네가 열심히 해서 된 것이지 결코 그 누가 도와줘서 된 것은 아닐세."

잭은 확신에 찬 말투로 계속해서 이어간다.

"장담하건데 자네는 말야, 분명 크게 될 사람일세. 그런 나약한 소리는 자네한테 어울리지 않아!"

그 말을 듣자 존은 감격에 북받쳐 오르는지 고개를 푹 숙이고 흐느낀다. 잭은 아무 말 없이 그의 어깨를 천천히 다독거린다.

그리고 다시 몇 달 뒤,

존은 한참 동안이나 경직된 자세로 의자에 꼿꼿이 앉아 컴퓨터 모니터를 날카롭게 주시하고 있다.

그의 이마에는 어느새 식은땀이 송글송글 맺히기 시작한다. 잠시 뒤, 순간 긴장하는가 싶더니 재빠른 손동작을 선보이며 키

보드 자판을 눌러댄다. 곧이어 깊은 안도의 한숨과 함께 미소가 번지며 가슴을 쓸어내린다. 그는 잔고를 흡족하게 바라보며 매우 만족스러운 표정을 지은 채 혼잣말을 중얼거린다.

"휴, 역시 단타는 쉽지가 않아. 그래도 이런 식으로 벌기만 한다면 고생스러운 것도 아니지만 말야!"

컴퓨터 옆에 두었던 '소크라테스와의 대화'라는 공책을 꺼내 무언가를 적기 시작하다가 갑자기 침울한 표정을 지은 채 한숨을 내쉰다.

"엄청난 빚을 모두 갚는 날이 과연 올까? 되도록이면 이런 도망자 생활을 빨리 청산하고 세상 밖으로 당당하게 나가고 싶다! 하지만 그럴만한 여유도, 시간도 나에게는 없다. 평생을 이렇게 숨어서 살 수는 없지 않은가?"

문득 그런 생각이 머리 속에 맴돌자 불행에 빠져 지냈던 지난 기억들이 서서히 다시 떠오르며 마음을 어지럽힌다. 그는 양미간을 찡그리며 머리를 쥐어 잡고는 고통에 몸부림을 친다.

"딩동, 딩동"

초인종 소리가 난데없이 울리자 그는 신경질적으로 인터콤 수화기를 들어 모니터 화면을 주시하다가 순간 깜짝 놀라 뒤로 한 발치 물러나며 당혹스러움을 감추지 못한다. 존은 인터콤 수화기에 입을 가까이 대고 천천히 더듬거리며 말한다.

"사, 사장님! 제가 사는 곳은 어떻게 아시고."

잭은 장난스레 눈을 한번 찡긋거리고는 속삭이듯 말한다.

"다, 아는 수가 있지! 그나저나 문 좀 열어주시게. 언제까지 이렇게 밖에 세워둘 생각이신가?"

"예. 알겠습니다. 잠시만 기다려 주십시오."

존은 황급히 스위치를 눌러 문을 연다.

그는 큼지막한 선물 보따리를 든 채로 존을 대뜸 껴안는다.

"잘 있었나. 내가 너무 바빠서 집들이를 이제야 하게 됐네."

잭은 방안을 대충 둘러보고는 말을 이어간다.

"음, 혼자 살기에 딱 알맞은 방 사이즈로구만."

그는 가지런히 신발장에 구두를 놓고 방안으로 들어가며,

"깔끔하고 다 좋은데 말야. 지하라 그런지 답답한 감이 없지 않아 있는 게 흠이구만. 자네가 원한다면 이보다 더 좋은 집을 소개시켜 줄 수 있는데 말야."

"말씀은 고맙습니다만."

그가 애써 거절하는 기색을 보이자 잭은 내심 무안한 모양인지 대뜸 화제를 돌린다.

"며칠 전에 신문기사를 보니까. 자네 기사가 나오던데. 혹시 모의투자 대회에서 1위를 하지 않았는가?"

존은 의아해하며 반문한다.

"그럴 리가 없을 텐데요. 기사에 제 사진도 없고 이름도 필명으로 했는데 어떻게 전 줄 아셨습니까?"

잭은 박장대소를 하며,

"설마 했는데! 역시 자네였구만. 아무래도 이상하다 했어. 꼭 자네를 얘기하는 것 같았거든. 어쨌든 축하하네."

더운 모양인지 연신 손수건으로 땀을 닦으며 잭은 계속해서 말을 이어간다.

"축하 파티라도 해야 되는 거 아닌가. 보아하니 상금도 장난이 아닌 것 같더구만!"

존은 별거 아니라는 듯 손사래를 치며 말한다.

"겨우 1억 원인데요 뭘."

잭은 은근히 놀라며,

"뭐! 1억 원이 무슨 애 이름인가? 진작부터 자네가 통이 큰 건 알아봤네만 이 정도인 줄은 꿈에도 몰랐네. 하하하."

뭐가 그렇게 신이 났는지 잭은 싱글벙글 웃으며 말을 계속 이어간다.

"그건 그렇고 말야. 자네한테 좋은 소식과 나쁜 소식을 가지고 왔네. 뭐부터 듣겠나?"

뜬금없는 그의 제안에 존은 매우 의아해하며 조심스럽게 답한다. "이왕이면 나쁜 소식부터 듣겠습니다."

잭은 천천히 고개를 끄덕이며 짐짓 심각한 표정을 지은 채 말한다.

"알겠네. 나쁜 소식부터 말해주도록 할 테니 놀라지나 마시게!"

존은 긴장했는지 순간 침을 '꿀꺽' 삼킨다.

"자네가 내게 평생 큰 빚을 지고 살아가게 되었다는 것이 나쁜 소식일세."

무슨 말인지 도통 영문을 모르겠다는 듯 존은 잠시 생각에 잠기더니 그에게 묻는다.

"그렇다면 좋은 소식은?"

"빚을 모두 청산할 수 있는 길을 마련해 주겠다는 것이네."

존은 그의 제안을 듣고 너무 놀란 나머지 말을 심하게 더듬으며,

"도대체, 제 빚이… 얼만지 아시고…."

"자네 빚이 얼만지는 이미 말 안 해도 알고 있네."

"그런데 왜…?"

그의 말하는 모양세가 답답했는지 잭은 가슴을 '탁, 탁' 치며 말한다.

"그 빚을 다 갚아야만 내 밑으로 돌아올 게 아닌가? 우리 회사는 자네와 같은 유능한 인재가 아주 절실히 필요하다네. 마음 같

아서는 그 빚을 당장에라도 갚아주고 싶지만 지금 여건이 썩 좋지만은 않아서 말야."

존은 자기를 배려해주는 잭 사장이 내심 고마우면서도 '누구에게 의지해야 될 만큼 이토록 처량한 신세였나?'라는 생각이 문득 들며 비참함과 울분 또한 마음 한쪽 구석에 자리 잡는다.

잭은 그런 그의 마음을 아는지 모르는지 태연히 손으로 부채질을 한다.

"이봐. 집들이 왔는데. 뭐 마실 거라도 가져오게. 급하게 오다 보니 목이 많이 타는구만."

"예! 알겠습니다. 잠시만 기다리십시오."

그가 눈치 채지 못하도록 표정을 고치고 재빨리 부엌으로 들어가 냉장고 문을 연다. 그러나 안에는 생수통만 덩그러니 들어있다. 순간, 존은 아차 싶었는지 애꿎은 생수통만 만지작거리며 혼잣말을 한다.

'오늘 장을 봤어야 하는데 깜빡했네. 이를 어쩐다.'

벌써부터 잭은 눈치를 챈 모양인지 아무렇지도 않게 큰소리로 외친다.

"냉수라도 상관없으니 그냥 가져 오게. 원래 갈증이 날 땐 냉수가 최고지! 아참, 이왕이면 물에다 소금을 약간 타주면 고맙겠네."

존은 컵에다 냉수를 정성스레 따른 뒤 소금을 약간 타 그에게 건넨다. 잭은 냉수를 벌컥벌컥 단숨에 들이킨 뒤 다시 한번 방안을 천천히 둘러본다.

"자네 이런 데서 사느라 고생이 많네. 더운데 선풍기 하나 없이 어떻게 사나! 조그마한 에어컨 하나 들여 놓을 테니 그거라도 일단 쓰게."

더 이상 신세지기 미안했는지 기어들어가는 목소리로 사양한다.

"괜찮습니다."

그가 상당히 곤혹스러워하자 잭은 살짝 눈치를 보고는 순간, 깜빡했다는 듯 손바닥으로 이마를 치며 말한다.

"아차차, 내가 말을 잘못한 것 같구만. 공장에 쓸데없이 남아도는 애물단지라네. 정확히 말하면 자네가 그 고물 에어컨을 처리해 달라는 거지. 그러나 걱정은 하지 마시게 약하게 틀어놓으면 고장은 나지 않을 테니까!"

일부러 이런 식으로 말하면서까지 자신의 자존심을 은근히 추켜 세워주자 존은 그제서야 모르는 척 고개를 끄덕인다.

"뭐 정 그러시다면 제가 처리해 드리겠습니다."

잭은 호탕하게 웃으며 말한다.

"허허, 고맙네. 그 고물단지 때문에 여간 애먹은 게 아니었어.

말한 김에 내일 당장 보내도록 하지."

"저야 물론 그렇게 해주신다면 감사할 따름이죠."

"이제 집 구경도 잘했으니 그만 가보겠네."

말이 끝나기가 무섭게 잭은 금세 일어나더니 갈 채비를 한다. 이에 존은 매우 송구스러워하며,

"아니, 벌써 가시는 겁니까? 제대로 대접도 못 해드렸는데. 조금만 기다려 주시면 안 되겠습니까? 장을 빨리 봐가지고서…."

잭은 애써 사양하며,

"괜찮네. 실은 이 근처에 볼일이 있어서 가던 길에 잠시 들른 것이니 나중을 기약하도록 하지."

그는 한참을 골똘히 생각에 잠긴 채로 천천히 문 쪽으로 발걸음을 옮기다가 작별인사차 존에게 한마디 건넨다.

"내가 제안한 사항에 대해 깊이 생각해 보시게나. 어디까지나 자네를 위해서 제안한 것이니까 말야."

존은 진지한 표정을 지은 채 고개를 끄덕인다.

성공, 그리고 인생의 진정한 발견

에피소드 I. 절호의 기회

성탄 전야라 그런지 구세군 자선냄비 종소리가 시내 곳곳에 울려 퍼지고 감미로운 캐롤송은 많은 사람들의 귀를 즐겁게 한다.

각각의 건물마다 빼곡히 걸려 있는 특색 있는 트리 장식은 사람들에게 많은 볼거리를 제공한다. 이중 라티움 호텔 정문 바로 옆에 서 있는 초대형 트리는 유독 많은 사람들의 눈길을 끌고 있다. 그 크기만 해도 대형 건물 5층 만한 초대형 규모를 자랑하는 동시에 수많은 휘황찬란한 형용색색의 전구들은 마치 불을 뿜어내듯 '반짝반짝' 거리며 어두운 밤거리를 화려하게 수놓자 그

앞에서는 마치 약속이나 한 듯 연인들은 서로의 사랑을 확인한다. 이에 하늘도 무심하지 않은 모양인지 때맞춰 시내 곳곳에 흰 눈을 선사해 주자 인파들은 환호성을 지르며 즐거워한다. 모두들 즐거운 분위기에 도취해 있을 무렵 오직 두 남자만이 유독 심각한 표정으로 호텔 로비에 앉아 있다.

뜨거운 김이 모락모락 피어나는 커피를 시켜 놓고는 한 모금도 마시지 않은 채 존은 진지한 표정으로 한참 생각에 열중한다.

그러한 그의 태도에 잭은 속으로 약간 못마땅했지만 참을성 있게 그가 말하기만을 기다린다.

얼마나 많은 시간이 흘렀을까? 잭은 마음에도 없는 말을 그에게 건네 본다.

"음, 올해는 화이트 크리스마스로구만. 자네는 크리스마스 때 뭘 한 건가?"

존은 대꾸도 하지 않은 채 생각에만 골몰한다. 잭은 답답하다는 듯 주먹으로 가슴을 탁, 탁 치며,

"뭘, 그렇게 망설이고 있는가? 언제까지 이렇게 숨어서 지낼 수는 없지 않겠는가? 이것이 자네한테는 마지막 기회일세."

이미 차갑게 식은 커피를 마시며 존은 조금씩 입을 연다.

"예. 그건 저도 익히 알고 있습니다. 하지만, 제가 그 정도의 자금을 운용할 수 있을지…."

"자네 실력이면 충분히 할 수 있을 것이네."

존은 그래도 자신이 생기지 않은 모양인지 아무 말 없이 멍하니 창밖을 내다본다.

그런 그의 소심한 모습을 보다 못한 잭은 갑자기 버럭 화를 내며,

"이런, 답답한 친구 같으니라구! 그래가지고 어떻게 성공하겠다고 설치고 다녔는가?"

잭은 그의 팔목을 강하게 부여잡고는 검은 서류 가방에서 계약서를 재빨리 꺼내 강제로 지장을 찍게 한다.

갑작스런 돌발 행동에 말문이 막힌 존은 당혹스러워 하며 그를 빤히 쳐다보기만 한다.

"이로서 계약은 끝난 것이네. 자네가 자신이 있든 없든 계약이 성립되었으니 죽이 되는지 떡이 되는지 한번 해보게."

잭은 손가락으로 계약서 어느 항목을 가리키며,

"보는 바와 같이 투자 자산은 총 50억 원이라네. 지금부터 정확히 2주 후에 자금 관리는 내가 전적으로 떠맡고 자네는 운영만 집중적으로 하게 될 걸세. 운용 만기는 24개월, 만기 후 시세차익의 50%는 우리가 갖게 되지. 그중 자네와 내가 50:50으로 수익을 나눠 갖는다네. 그 24개월 동안 수익을 크게 내지 못한다면 자네가 가진 15억원이라는 빚을 갚을 길 역시 영영 없어진다는

것을 명심해야 될 것이네. 그리고 만일 손실이라도 보게 된다면 그 손실분을 고스란히 내가 다 갚아야 되니 운영하는 데 만전을 기해주게."

아직까지 그의 제안에 당혹스러움을 감추지 못한 존이었지만 말길만은 겨우 알아듣고 고개를 끄덕이며 혼자 중얼거리듯 답한다.

"예, 예 명심하겠습니다."

너무 자신 없어하는 그의 모습에 잭은 무척이나 실망한 나머지 노골적으로 한껏 인상을 찌푸리다가 더 이상 참지 못하고 강하게 두 손으로 테이블을 탁 치며 자리에서 일어난다. 잭은 강렬하게 그를 쏘아보며 성난 목소리로 얘기한다.

"자네를 도와줄 수 있는 나의 마지막 배려라는 것을 잊지 마시게나."

잭은 외마디 함성과 함께 훌쩍 자리를 떠난다. 존은 그가 나가는 모습을 한동안 말없이 지켜보다가 천천히 자리에서 일어나 밖으로 나간다. 존은 혼란스러운 마음을 애써 부여잡고는 정처 없이 흰 눈을 맞으며 길거리를 배회한다.

새벽녘에 이르러 트리에 장식돼 있는 전구들과 조명등이 하나 둘씩 꺼지자 주위는 새까만 암흑 속으로 빠져든다. 잠시 후, 일제히 가로등이 켜지며 다시 주위가 환해진다.

어느새 눈이 그치고 나니 기다렸다는 듯 싸늘한 추위가 뼛속 깊이 에여오자 수많은 연인들은 서로를 부둥켜안고 어디론가 금세 사라진다. 존 역시 추위가 매서워지는 것을 온몸으로 느끼고는 집으로 곧장 가는 직행 버스를 탄다. 뒷좌석에 편안하게 앉은 존은 그가 했던 말을 머릿속으로 되짚어 본다.
'과연, 내게 그런 큰돈을 운용할 만한 능력이 있을까? 만약, 날리기라도 한다면…?'
고개를 강하게 흔들며 존은 굳게 마음을 다잡는다.
'잭 사장님이 하신 말씀이 백번 천번 모두 옳아. 내가 너무 나약하게 굴었어. 어찌되었건 이번 기회를 잡지 못한다면 내 인생은 완전히 끝이라는 것은 인정할 수밖에 없는 사실! 사장님도 그걸 알고 있기에 나에게 이런 기회를 주신 것이고. 그래. 이왕 이렇게 된 김에 한번 해보기나 하자. 달리 방도가 없지 않은가! 되든 안 되든 그건 나중에 가서 생각할 일이다. 지금이 밑바닥인데 추락해 봤자 어디까지 가겠는가?'
그렇게 마음을 고쳐 잡는 순간 가슴을 무겁게 짓누르고 있던 왠지 모를 불안감이 말끔하게 해소되며 피곤함이 전신으로 퍼진다.
종착 지점에 다다르고 버스가 서자 운전기사는 침을 흘리며 보기 민망한 자세로 곤하게 자고 있는 그를 억지로 흔들어 깨운다. 깜짝 놀라 무심결에 주위를 둘러보다가 자신을 뚫어지게 쳐다보고 있는 운전기사와 정면으로 눈이 마주친다. 존은 무안했는지 재빨리 인사를 하고는 내릴 준비를 한다. 급하게 버스 계단 발판을 밟고 내리다 발판 사이사이에 꽁꽁 얼어붙은 얼음 덩어리에 그만 미끄러지며 길 위에 '벌러덩' 나자빠진다. 그는 아무렇지도 않다는 듯 손으로 옷깃을 훌훌 털고 일어나 가벼운 발걸음으로 집을 향해 간다. 어느덧 집 앞까지 도착한 그는 문을 활짝 열어젖히고는 온몸을 비비면서 집안으로 들어가 겉옷을 벗지도 않은 채 편안하게 소파에 앉아 잠시 휴식을 취한다.

얼마간의 시간이 지난 후,

'소크라테스와의 대화'라는 공책을 펴 오늘 있었던 사항에 대해 꼼꼼하게 글로 적다가 눈꺼풀이 점점 무거워지는 것을 느끼며 자기도 모르는 사이에 스르르 눈이 감긴다.

"어여. 일어나보게. 이렇게 기쁜 날에 잠만 자서야 되겠는가?"

잭은 환한 표정을 지은 채 깊이 잠들어 있는 그를 흔들어 깨운다. 존은 자리에 누워 하품을 늘어지게 하고는 기지개를 쭉 펴더니 눈을 비비며 일어난다.

"아, 그렇지 오늘이 벌써."

자신의 원초적인 모습을 잭한테 보이기가 왠지 무안했는지 뒤통수를 긁적이며 말한다.

"과로를 했더니 그만."

아무렇지도 않다는 듯 잭은 호탕하게 웃으며 존을 와락 껴안는다.

"하하, 그럴 수도 있지. 자네 정말 수고 많았네. 지금 와서 하는 말인데, 나는 말야, 이런 날이 올 줄 진작 알았다네."

"솔직히 아직까지도 저는 꿈인지 생시인지 분간이 안 갑니다."

"그럴 만도 하겠지. 어찌되었건 자넨 역시 정말 대단해."

잭은 벽에 걸려 있는 시계를 슬쩍 쳐다보더니,

"시간이 얼마 남지 않았구만. 약속 시간에 맞춰 제때에 만찬회에 가려면 빨리 준비해야 될 걸세."

"예. 알겠습니다!"

존은 큰소리로 답하는 동시에 쏜살같은 동작을 취한다.

... 비교적 번잡스럽지 않은 도심 근교의 연회장

잭은 정문 옆쪽에 서서 인사人士들이 한명씩 들어올 때마다 몇 마디 담소를 나누며 일일이 악수를 건넨다. 존은 바로 그 옆에 멀뚱거리며 서 있다가 무안한 기색으로 은근슬쩍 안으로 들어가려 몸을 돌리려는 순간 상당히 기품 있어 보이는 중후한 정장 차림의 중년의 신사와 마주친다.

그 중년의 신사는 존을 한번 슬쩍 쳐다보고는 의아해 하며 잭에게 묻는다.

"점잖게 생긴 이 친구는 누구신가? 처음 보는 친구 같은데."

잭은 의미심장한 미소를 지으며 수수께끼와 같은 말로 정중하게 답한다.

"장차 대성할 사람이지요. 앞으로 자주 만나시게 될 겁니다."

"음, 그렇구만."

더 이상 묻지 않은 채 중년의 신사는 고개를 살짝 끄덕이고는 회장 안으로 사라진다. 이때 존이 묻는다.

"혹시 저 신사분은…?"

"나와 절친하게 지내는 지인일세. 상당한 재력가이기도 하지."

짤막하게 말하고는 잭은 주머니 속에서 '파이돈 사모 펀드 회원 명단'이라고 적힌 작은 메모지를 꺼내 살펴보고는 다 왔다 싶은 모양인지 존과 함께 회장 안으로 들어간다.

약간 상기된 표정으로 연단 위에 선 그는 목소리를 잠시 가다듬더니 천천히 마이크에 입을 댄다.

"안녕하십니까? 바쁜 와중에도 일부러 시간을 내주셔서 진심으로 감사드립니다. 제가 연회에 여러분들을 초대한 것은 축하를 하기 위해서가 아닙니다."

그가 무슨 말을 하는지 도통 이해가 되지 않는다는 듯 대부분의 인사들은 어리둥절한 표정으로 멀뚱히 잭을 쳐다본다.

"제가 이 자리를 마련하고자 한 실질적인 연유는, 이제껏 여러분들에게 숨겼던 사실을 솔직하게 털어놓기 위해서입니다."

입을 한동안 다문 채 주위를 한번 둘러보다가 잭은 다시 말문을 연다.

"펀드를 운용한 사람은 실은 제가 아닙니다. 말 못할 사정으로 인해 극비리에 숨어 사는 재야의 투자 고수를 섭외해 운용을 맡기고 원금 보장에 대한 보증만 제가 해준 것에 불과하지요."

회장에 모인 인사들은 어리둥절해 하며 웅성대기 시작한다. 인사들 중에 한 명이 나서서 점잖은 말투로 묻는다.

"그럼, 실제적인 운용인은 누구란 말이요?"

"예. 그러실 줄 알고 지금 이 자리에 그분을 어렵게 모셨습니다."

진작부터 존은 그가 연회에 가자는 이유를 어렴풋이 예상은 하고 있었으나 이렇게 갑작스럽게 자기를 공식 석상에서 소개시키는, 정말 꿈에서도 생각하지 못한 일이 막상 눈앞에서 벌어지자 겉으로 보기에도 표시가 날만큼 곤혹스러워하며 어쩔 줄 몰라 한다. 잭은 그런 그의 의중을 아는지 모르는지 거리낌 없이 존을 가리키며 말을 이어간다.

"소개 시켜 드리겠습니다. 그분은 바로 저기 서 있는…."

인사人士들은 다들 놀라는 표정으로 주위를 둘러보기 시작한다. 순간, 존은 긴장하며 식은땀을 줄줄 흘린다.

"바로 저기 서 있는 존 마이클이라는 분이십니다. 아낌없는 박수로 모시겠습니다."

소개를 마치자마자 수많은 인사들의 열광적인 환호와 갈채가 이어지고, 잭은 어느새 연단에서 물러난다. 일이 그렇게까지 되자 할 수 없다는 듯 존은 아무 준비 없는 상태로 연단 위에 올라 마이크를 잡는다.

"안녕하십니까. 파이돈 펀드를 실질적으로 운용했던 존 마이클이라는 사람입니다. 이렇게 여러분들을 만나게 되서 참으로 영광입니다. 그리고 이 자리를 빌어 미천한 저에게 이런 큰 기회를 주신 잭 사장님께 감사의 말씀을 드리겠습니다. 또한 저…."

갑자기 머릿속이 백지장처럼 하얗게 변하며 아무 생각이 떠오르지 않자 존은 당황하며 말을 더듬기 시작한다.

"저. 그러니까."

바로 이때, 참으로 다행스럽게도 인사들 중 한 명이 손을 든다. 존은 내심 안도의 한숨을 내쉬며 그를 지목한다.

"예. 말씀하십시오."

"한 가지만 물어보겠소. 어떻게 겨우 1년 만에 358%라는 어마어마한 수익률을 낼 수 있었죠?"

잠시 존은 고민하는가 싶더니,

"어떻게 보면 그 비결이란 간단할 수도 있고, 어려울 수도 있습니다."

그의 말에 선뜻 이해가 되지 않는다는 듯 인사는 정중하게 묻는다.

"그 비결을 알려주시면 안 되겠소?"

존은 짤막하게 답변한다.

"예. 물론이지요. 그 비결이란 바로 제가 예상했던 방향과 시장이 움직이고자 했던 방향이 서로 일치해서 이렇게 큰 수익률을 얻게 된 것에 불과합니다."

그의 짤막한 답변에 어이가 없다는 듯 인사는 재차 반문한다.

"단지 그것뿐이요?"

존은 당연하다는 듯 고개를 끄덕이며,

"듣는 입장에서는 도저히 납득이 안 갈 것입니다. 너무나도 쉬운 원리이고 누구나 다 아는 상식이기 때문이죠. 그러나 실질적으로 이를 활용해 수익을 내기가 상당히 어렵습니다. 생각하기에는 매우 간단하고 단순한 방식일지는 몰라도 그 전략을 적

중시키기 위해서는 각고의 노력과 상당한 시간이 소요되기 때문이죠. 앞서 말씀드렸다시피 단지, 시장의 흐름과 제 전략이 단순히 일치해서 큰 돈을 벌었다는 것은 결코 틀린 말이 아닙니다."

인사는 성이 차지 않는다는 듯,

"혹시, 다른 노하우는 없소?"

"노하우라. 뭐, 제 투자 방식에 그다지 특별한 것은 없습니다. 제가 잘한다고 자부하는 건 이미 시장에 나와 있는 수준을 응용한 것에 불과하니까요. 정 그래도 노하우라 불릴 수 있을 만한 얘기를 몇 가지 한다면, 시장이 혼조장세를 띠면서 상승한다고 예상했을 때 일단 과감하게 거기에 맞춰서 전략을 짜고 매매를 취한 점과 수익이 아닌 손절매에 중점을 두고 매매를 한 점, 그리고 무엇보다 감각과 운도 상당부분 작용했다는 점 역시 무시 못 하겠네요. 아무리 생각해봐도 딱히 '이거다!' 라고 말씀드릴 만한 게 없습니다. 진정한 실력은 수많은 시행착오와 풍부한 경험, 피나는 노력을 통해 우러나오는 것이니까요."

존은 목소리를 가다듬고 자신의 얘기를 마무리한다.

"마지막으로 드리고 싶은 말은 투자는 운에 의해 좌우되는 것이 아니라 노력과 인내에 의해 생존이 가능하고 수익 창출이 가능하다는 것을 반드시 기억해 주셨으면 합니다. 제 얘기는 여기까지입니다. 별 볼일 없는 제 말을 끝까지 들어주셔서 감사합니다."

 존이 정중하게 인사를 올리고 자리에서 물러나자 수많은 인사들은 우레와 같은 박수로 화답하며 그에 대한 찬사를 아끼지 않는다. 잭 역시 만족스러운 표정을 지은 채 그에게 마이크를 건네받으며 다시 연단 위에 오른다.

 "예. 존 고수님 말씀 아주 뜻 깊게 잘 들었습니다. 고수님께서 하신 말씀 중에 '투자는 노력과 인내에 의해 이루어진다' 는 말이 제 개인적으로 상당히 마음에 와 닿는군요. 그렇습니다! 투자는 결코 운에 의해 좌우되는 상품이 아닙니다. 그런데도 많은 분들은 투자를 도박으로 오해해 운적인 요소만으로도 충분히 수익을 낼 수 있다는 편견을 가지고 계십니다. 정말 엄청난 착각의 늪에 빠진 얼빠진 분들이시죠. 물론, 운적인 요소를 통해 돈을 벌 수는 있겠지만 그건 어디까지나 단기간입니다. 결코 오랜 시간 지속될 수는 없는 법이죠. 단순히 책 몇 권만 읽고, 아니면 소문만 믿고, 또는 자기가 다니는 회사라는 이유만으로. 과연, 이런 식으로 어설프게 투자를 해서 꾸준한 수익을 낼 수 있을까요? 한번 곰곰이 생각해 볼 노릇입니다. 운이라는 건 투자에 대한 감각과 이에 따른 피나는 노력이 확실하게 받쳐줬을 때만 상호 보완적인 관계에서 시너지 효과를 일으킬 수 있을 뿐이지 운이 모든 것을 다해 주지는 않습니다. 그러고 보니 제가 너무 말을 함부로 한 것 같군요. 어찌되었건 제 개인적인 소망으로는 존 고수님께서 굉장히 유명해지셔서 지금 하신 말씀들이 비하인드 스토리로 널리 세상에 알려졌으면 좋겠습니다. 그래야 무턱대고 투자하는 어리석은 중생들이 많이 줄어들 게 아닙니까?"

말이 끝나자마자 정장을 입은 말쑥한 체구의 잘생긴 청년이 연회장으로 들어오더니 잭에게 다가가 귀띔을 한다.

"이제 자리를 옮겨 식사라도 하면서 얘기를 나누는 게 어떨까요?"

그 말을 듣고 주위의 인사들은 마치 약속이나 한 듯 다같이 일어나 질서 정연하게 만찬회장으로 천천히 이동한다.

이후,

존은 그에게서 수많은 인사들을 소개 받으며 안면을 점차 트게 된다. 특히, 몇몇 인사들은 그가 사회적으로 급성장하는 데 결정적인 도움을 주는 핵심적 인물로 떠오르는데….

에피소드 II. 플라톤과의 만남

햇살이 따사롭게 내리쬐는 이른 아침,

존과 소크라테스는 한가로이 공원을 산책하며 여러 가지 주제에 대해 서로간의 의견을 주고받으며 정담을 나눈다.

소크라테스는 고개를 들어 파란 하늘을 쳐다보다가 존이 들릴 듯 말 듯한 목소리로 중얼거리듯이 말한다.

"이제 자네가 활약할 때가 온 것 같구만."

얼핏 그 소리를 들은 존은 선뜻 이해가 되지 않는지,

"예? 활약이요? 그게 갑자기 무슨 말씀이신지?"

소크라테스는 평소보다 더욱 강렬한 눈빛으로 그를 주시하며,

"어렵게 생각할 필요는 없네. 말 그대로 해석하면 되니까 말야. 자네에게는 뜬금없는 얘기가 될 수도 있겠지만 나로서는 아주 오랜 세월 동안 생각하고 계획했던 일을 실행에 옮기고자 하는 것이니 어찌 보면 미리 예고된 일이라 볼 수 있지."

소크라테스는 산책을 하며 대화를 하기에도 상당히 버거운 모양인지 한숨을 길게 몰아쉬고는 일정한 간격으로 길게 배치되어 있는 벤치에 앉는다. 이후, 천천히 눈을 감고 아무 말 없이 한동안 사색에 잠긴다. 존은 그가 또 어떤 말을 할지 내심 궁금하면서도 겉으로는 무표정으로 일관한 채 묵묵히 말하기만을 기다린다. 꽤 긴 시간이 지난 후 그는 천천히 눈을 떠 존의 손을 꼭 부여잡고는 한층 뚜렷하고 맑아진 목소리로 말한다.

"나는 이제 너무 늙었어. 내 힘만으로는 도저히 소피스트를

이끌 여력이 없다네. 그러니 자네가 나를 좀 도와줬으면 하는데 어떻게 생각하는가?"

생각지도 못한 말을 듣게 되자 당혹스러움을 감추지 못한 존은 망설이듯 말한다.

"글쎄요. 제가 그럴 만한 자격이 있을지…."

소크라테스는 그에게 미소를 보내며 확신에 찬 어조로,

"나는 말일세. 이미 오래 전부터 소피스트를 이끌만한 재목을 찾아 다녔다네. 그러다 아주 우연히 자네를 만나게 된 것이고. 어떻게 보면 나 역시 상당한 행운아지. 자네 같은 인재가 제 발로 찾아왔으니 말야. 어찌 되었건 자네를 처음 본 순간 소피스트를 이끌만한 그릇이라는 걸 단번에 알아보았다네. 만일, 자네가 내 곁에서 도와준다면 소피스트를 지금보다 더 크게 부흥시킬 수 있을 것이네. 반드시."

잠시 입을 다문 채 그의 눈치를 살짝 보고는 소크라테스는 계속해서 말을 이어간다.

"그렇다고 딱 잘라 거절은 하지 마시게. 이미 운명은 끈처럼 정해진 것이니까 말야."

존은 그의 말에 굉장히 부담스러워하며 어찌할 바를 몰라 한다.

"과찬의 말씀이십니다. 저에 대해 너무 과대평가를 하시는 게 아닌지."

"하하. 내 관상은 단 한번도 틀린 적이 없다네. 어떻게 보면 자네가 지금 자신을 낮춰서 바라본다는 생각 그 자체가 바로 자기 자신의 성장을 단적으로 말해 주는 것이라 볼 수 있으니 확실히 크게 성장했다고 말하는 이유가 되는 것일세."

존은 굳게 마음을 먹은 듯 결의에 찬 눈빛으로,

"이렇게까지 저를 크게 봐주시니 참으로 송구스러울 따름입니다. 선생님께서 이렇게까지 말씀해 주시는데 제가 냉정하게 마다한다면 불충한 인간이라는 소리를 듣게 되겠지요. 알겠습니다. 부응에 따라 최선을 다해 임하도록 하겠습니다."

흐뭇한 표정으로 소크라테스는 고개를 끄덕이며 말한다.

"아주 잘 결정했네. 이로서 자네는 소피스트 정식 회원이 되었네. 축하하네."

소크라테스는 그에게 정성스럽게 접혀져 있는 황금 종이를 건네준다.

"최고의 투자 인재에게 부여해주려 여태까지 아껴 두었던 필명을 자네에게 기꺼이 선사하고자 하네. 마음에 드는지 한번 펴 보시게."

존은 놀라며 그가 시키는 대로 종이를 편다. 거기에는 'Platon'이라는 단어가 적혀 있다.

"플라톤?"

"그렇네. 자네의 필명은 이제 플라톤이 될 것일세. 앞으로 '세속世俗의 욕심'이라는 때에 얽매인 존 마이클이라는 이름은 잊게. 대신 소피스트의 정식회원인 플라톤으로서 많은 임무와 사명심을 부여해 줄 것일세. 부디 그 임무를 훌륭하게 수행하여 인격과 지식, 그리고 지혜를 갈고 닦아 지금보다 더 나은 인간이 될 수 있도록 애쓰면서 살길 바라겠네."

존은 진심으로 그에게 경의를 표하며 엄숙하게 말한다.

"예. 그 말씀 고이 마음속에 새겨듣도록 하겠습니다."

소크라테스와 헤어지고 난 뒤 일찍 집에 돌아온 그는 황금색 쪽지를 다시 한번 쳐다보며 생각에 잠긴다.

'소피스트 회원이라. 글쎄 내가 그럴만한 자격이 되는 것일까? 15억 원이라는 엄청난 빚을 갚은 것만으로도 꿈만 같은데 예전부터 은근히 바래왔던 소피스트 클럽의 정식 회원, 그것도 최고 회원! 아, 이게 모두 꿈은 아니겠지.'

그는 살짝 볼을 꼬집어본다.

'아픈 걸 보니 꿈은 아니구만. 내가 지금까지 겪었던 모든 시련들이 모두 전화위복轉禍爲福이 될 줄 누가 알았겠는가? 처음부터 이렇게 될 줄 알았더라면 아마 그렇게까지 절망하지는 않았겠지.'

존은 지난 일을 떠올리기도 할 겸 '소크라테스와의 대화'라는 공책을 펴 한 장씩 한 장씩 차례로 읽어간다.

'크게 실패한 것이 오히려 내게 있어 아주 좋은 밑거름이 되었어. 만일, 이렇게 비참하게 실패하지 않았더라면 지금쯤 아마도 하루하루 먹고 살기 바쁜 평범한 샐러리맨에 지나지 않았겠지. 아, 인생이라는 건 정말 알다가도 모르겠단 말야.'

존은 눈을 감고 처참했던 지난 과거를 잠시 생각하다가 앞으로 있을 장밋빛 미래를 상상하면서 천천히 눈을 감는다.

에피소드 III. 붕우朋友

소피스트에서 주어진 임무를 만족스럽게 끝낸 존은 기분 좋게 운전을 하며 집으로 간다. 무심코 시선을 옆쪽으로 옮겨보니 녹색 바탕으로 깔끔하게 벽 외관이 칠해져 있는 대형 건물이 스쳐 지나간다. 돌연 PE사에서 일했던 일련의 추억들이 필름 돌아가듯 떠오르자 무슨 생각에선지 가는 방향을 갑자기 돌려 PE엔지니어링 본사로 향한다.

잠시 후,

PE사 부근에 도착한 그는 근처 옆 건물에 주차를 먼저 한 뒤 먼발치서 주위의 전경을 한참 동안 바라보다가 건물을 좀더 자세히 볼 요량으로 PE사 근처로 발걸음을 옮긴다. 비교적 가까운 거리에서 건물을 살펴보니, 예전과 같이 수목樹木을 주제로 벽화가 꾸며져 있었다. 그러나 전보다 더 잘 꾸며져 있어 멀리서 봤을 때 마치 하나의 위대한 예술품을 보는 착각마저 들 정도였다. 또한, 건물에 부속되어 있는 광장은 여전히 쓰레기 한점 없이 깔끔하게 조성되어 있었다. 아무리 둘러봐도 어디 하나 빠지는 데가 없을 만큼 세심하게 관리돼 있는 것을 보고, 겉보기와는 전혀 다른 잭 사장의 치밀하고 꼼꼼한 성격을 보는 것만 같아 혀를 내두르며 놀라움을 금치 못한다. 어느새 자기도 모르는 사이 포근히 발을 감싸는 감촉을 느끼며 잔디를 밟는다. 그는 얼떨결에 창공을 올려다본다. 뭉게구름이 천천히 떠가는 것을 보자 과거 자신이 회사에서 자행했던 일련의 사건들이 떠오른다.

　'몇 해 전 그는 PE사에서 입사한 후, 빠르게 출세해야겠다는 절박한 심정으로 직장 상사이자 절친한 동료였던 그들을 치밀하고 간사한 꾀로 철저하게 이용한 뒤 막다른 길로 몰아넣고는 모든 죄를 뒤집어 씌워 결국 내쫓기까지 하는 만행을 암암리에 저질렀다. 그러면서 자신의 지위를 확고하게 다지게 된다. 얼마 안 가 그는 단숨에 잭 사장 버금가는 영향력을 행사하지만 또 얼마

안 가서 다시 자신의 야욕을 채우기 위해 회사를 그만두기에 이른다.'

지난 일을 떠올리자 후회와 죄책감이 온몸을 감싼다.

그러나 한편으로는
살아야겠다는 절박감으로 무장하지 않은 채 저 하늘의 뭉게구름마냥 유유자적 흘러가며 살았더라면 지금쯤 과연 어떻게 되었을까? 존은 눈을 감고 잠시 생각에 잠긴다.

얼마간의 시간이 지난 후, 본사 정문 앞까지 도착해 있는 자신을 발견한다.

'음, 굉장히 먼 거리인데. 생각하면서 걷다보니 금세 오게 되는구만. 이왕 온 김에 잭 사장님이나 만나야겠다.'

그는 한치의 망설임도 없이 잭이 근무하는 사무실로 곧장 올라간다.

"똑, 똑"

"예. 들어오세요."

"안녕하세요. 그동안 잘 계셨습니까?"

잭은 그를 보자 반가워하며,

"오, 존 마이클! 한동안 보지 못해 내가 찾아갈까 생각했었는데 참으로 그거 잘됐네. 자, 그렇게 서 있지 말고 여기 앉게나."

잭은 직접 차㈜를 타 그에게 따라주며 말을 이어간다.

"야. 그러고 보니 자네 안색이 많이 좋아졌어. 그래 요즘은 어떤가?"

"예. 하는 일마다 잘 되고 있습니다. 사장님 크신 은혜 항상 감사하게 생각하며 살고 있습니다."

그 말이 싫지만은 않은 모양인지 잭은 애써 손사래를 치며 호탕하게 웃는다.

"하하, 아니야. 자네 덕분에 큰돈을 벌었으니 오히려 내가 고마워해야지."

이후, 그들은 한동안 미뤄뒀던 여러 가지 대화를 나눈다. 얼마간의 시간이 흐른 뒤 존은 뭔가 생각이 난 듯 그의 눈치를 잠시 살피다가 들릴 듯 말 듯한 목소리로 말한다.

"제가 사장님을 찾아뵌 건 다름이 아니오라…."

말을 꺼내놓고도 한참 뜸을 들이며 우물쭈물하는 그를 보자 잭은 궁금증을 참지 못하고 되레 묻는다.

"그래, 나를 찾아온 직접적인 용건은 뭔가? 어서 말해 보시게."

존은 더듬거리며 말한다.

"이제. 사장님과 한 약속을…."

무슨 말을 할지 이미 짐작한 듯 잭은 그가 하는 말을 다 듣지도 않고 말을 끊는다.

"아, 그건 나중에 차차 말하도록 하지. 지금은 때가 아직 이르다고 판단되네. 편히 쉬면서 자네 몸부터 신경 쓰시게."

존은 한숨을 쉬며 말한다.

"예. 알겠습니다."

잭은 갑자기 장난끼 가득한 말투로,

"나도 말이야. 자네한테 아주 중대한 할말이 있는데 말해도 괜찮겠는가?"

그의 장난끼 어린 말투에 존도 응수한다.

"물론이지요. 하늘의 별이라도 따다 드리겠습니다."

"음, 그래! 좋아. 어떻게 보면 자네한테 상당히 부담스러운 부탁이 될 수도 있다 생각해서 한참 미뤄왔었는데 그저 한번 잘 됐구만. 어차피 그렇게 해야 한다고 생각해서 내린 용단이니 사양은 하지 마시게나."

"웬만한 부탁은 다 들어 드리겠습니다."

"좋아, 나중에 딴소리나 하지 말게."

"…"

잭은 잠시 그를 살피더니 미소를 지어보인 채 말을 이어간다.

"이제 자네와 나는 어떻게 보면 상사와 부하관계가 아닌 서로 각별한 지인 관계라 볼 수 있으니 말을 트고 지내는 것이 어떨까? 어차피 나이도 같아서 상관없을 것 같기도 한데."

존은 당혹스러운 표정을 감추지 못하고 말을 얼버무린다.

"아니, 어떻게 그래도…."

잭은 부탁하는 어조로,

"그렇게 하시게나. 그래야 내 마음이 편해질 것 같으니까 말야."

존은 한참동안 고민하다가 입을 연다.

"이왕이면 제 부탁도 들어주십시오."

"그래 뭔가?"

"지금 당장은 아무래도 무리가 따릅니다. 그러니 생각할 시간을 충분히 주십시오. 언젠가는 반드시 그런 날이 올 것이나 지금은 때가 아니라 생각합니다."

잭은 한참 동안 생각하더니,

"자네 말도 일리가 있군. 내가 조급한 면이 없지 않아 있지. 인정하겠네. 난 단지 자네와 더 각별한 사이가 되고 싶어 제안한 것뿐일세. 그 외 다른 욕심은 없었네. 되도록이면 그런 날이 빨리 왔으면 좋겠구만."

그가 진심으로 자신을 그렇게까지 생각한다는 것을 알게 되자 존은 가슴이 찡해지며 진한 우정애를 느끼게 된다.

에피소드 IV. 본격적인 성공 가도

몇 달이 지난 후,

　오늘도 이상한 악몽에 시달리다가 이른 새벽에 눈을 뜬 존은 초췌한 모습으로 산발이 된 머리를 움켜쥐며 고통에 신음한다.

　'아~, 도대체 이게 며칠 짼가? 왜 갑자기 이상한 악몽을 며칠간 계속해서 꾸느냔 말이야!'

　설상가상으로 내면에 감춰져 있던 수많은 잡념들이 머릿속을 폭격하듯 맹렬하게 떠오르자 그는 참지 못하겠다는 듯 온몸을 쥐어뜯기 시작한다.

　'헉! 고통스럽다. 너무 고통스러워 미쳐버릴 것만 같다. 이게 바로 소크라테스 선생님께서 말하는 진정한 번뇌의 모습이란 말인가? 반드시 이겨야 한다. 반드시 이겨야 해. 현인이 되기 위해 한번쯤은 꼭 겪는 일이라고 했다. 그러니 이겨야 한다!'

　하루 종일 망상에 시달린 존은 밥을 먹는 것도 까맣게 잊은 채 괴로운 나날을 지새운다. 하루 이틀이 지나면서 그의 몸은 점점 야위어 갔고 피부는 창백해지며 차마 보기가 안쓰러울 만큼 딱할 정도로 변했으나 그의 눈만은 점점 생기를 띠어갔다.

　며칠이 지난 어느 아침, 존은 땀에 흠뻑 찌든 채 자리에서 일어난다. 그러나 신기하게도 자기를 그토록 괴롭혔던 망상이 떠오르지 않는다. 며칠간 음식을 제대로 먹지 않아 허기가 졌으나 배가 고프다는 생각보다는 정신적인 포만감이 그를 지배한다. 그는 눈을 감고 몸과 마음에서 생기는 기이한 현상을 천천히 살피다 순간 자기도 모르게 무릎을 탁 치며 혼잣말을 중얼거린다.

'내가 현인이 되기 위한 하나의 과정으로 그동안 쌓아올린 업보를 자연적으로 털어내기 위해 심신이 정화 작용을 일으켰던 것이로구나. 그러나 업보를 완전하게 씻어내기 위해서는 나로 인해 피눈물을 흘렸던 수많은 사람들을 직접 찾아가서 용서를 빌어야만 할 것이다. 그래야만 내가 바라는 진정한 진리와 깨달음을 얻을 수 있을 것이다!'

존은 조용히 눈을 감고 사색에 잠긴 채 자기 자신을 돌이켜 본다. 지금 내리는 판단이 앞으로 그에게 있어서는 현인으로 갈 수 있을지 아니면 이대로 멈춰 서서 욕망이라는 터널의 굴레를 벗어나지 못하고 주저앉을지 인생 최대의 갈림길이 될 수 있다는 생각이 문득 강하게 들자, 마침내 그는 확신에 찬 듯 단호하게 결단을 내린다.

"일단, 그들이 어디 사는지 알아야만 한다! 그래 맞다. PE사를 찾아간다면 알게 될 것이다! 그리고 이참에 사장님께도 솔직하게 모든 것을 고백해야겠다."

어느새 몸을 말끔하게 씻고 단정한 옷으로 갈아입은 존은 서

둘러 PE사로 발걸음을 향한다.

... PE 본사 잭 사장실

PE사 정문에 들어설 때까지만 해도 그를 만나야겠다는 은근한 설레임과 업보를 털어내겠다는 강한 욕구로 인해 자신감이 한껏 부풀었으나 막상 사장실 문 앞에 도착하자 그런 확고한 자신감은 점점 수그러들고 두려움이 앞서기 시작한다. 한참 그렇게 망설이다 심호흡을 한번 크게 내뱉고는 문을 힘 있게 두드려 인기척을 낸다.
"예. 들어오세요."
"안녕하십니까? 사장님."
잭은 환하게 웃는 얼굴로 그를 맞이한다.
"어서 오게, 친구. 그동안 별고 없었나?"
존은 최대한 겸손하게 말을 받는다.
"예. 덕분에 이렇게 잘 지내고 있습니다."
"음. 그래! 내가 볼 땐 전혀 그렇지 않은 것 같은데. 안 본 사이 얼굴이 상당히 초췌해졌어!"
"아, 아닙니다."
존은 잠시 망설이는 기색을 보이다가 말을 이어간다.

"저기, 사장님을 찾아뵙고자 한 것은 다름이 아니오라."

"이미 알고 있네."

"예?"

존은 순간 당황했지만 얼마 안 가 평정심을 되찾고는 입을 다문 채로 그의 말에 곰곰이 귀를 기울여 본다.

"나도 어제 한참을 생각했지. 자네는 분명 내게 없어서는 안 될 매우 소중한 인재야. 하지만 우리 회사에서 일하기에는 자네 그릇이 너무 커버렸네."

"…."

잭은 잠시 생각하는가 싶더니 뜻밖의 제안을 해온다.

"자네 혹시 투자업계에 본격적으로 발을 들여놓을 생각은 없나?"

생각지도 못한 그의 갑작스런 제안에 갈피를 잡지 못하고 그만 말을 얼버무린다.

"글쎄요. 생각해 본 적이 없어서…."

"자네가 가지고 있는 능력을 썩힐 생각은 꿈에도 하지 말게. 자네가 내 제안을 받아들이지 않을 경우 내 밑에서 평생 썩을 각오를 해야만 될 것일세. 만약, 내 제안을 수락할 경우에는 적극적으로 나서서 돕도록 하겠네."

존은 곰곰이 생각에 잠기다 천천히 입을 연다.

"무슨 말씀이신지 잘 알겠습니다. 그러나 그보다도 더 중요한 일이 제겐 남아 있습니다. 이 일을 마무리한 후 사장님 말씀대로 하겠습니다."

잭은 반색하며,

"그래! 그거 잘된 일이구만, 혹시 내가 도와줄 수 있는 일인가?"

존은 고개를 끄덕이며 말한다.

"제가 사장님 밑에 있을 때 회사를 그만둔 분들의 이력서를 봤으면 합니다."

잭은 짐짓 눈치를 챘지만 시치미를 뚝 뗀 채로,

"그건 회사의 중요한 비문이라 할 수 있네. 왜 이력서를 보고자 하는지 알 수 있겠나?"

존은 두근거리는 마음을 잠시 가다듬고는 천천히 말문을 연다.

"솔직히 말씀드리겠습니다. 저는 사장님을 이제껏 속여 왔습니다."

잭은 잔잔한 미소를 지으며 반문한다.

"그게 또 무슨 말인가?"

"오랫동안 아무 변고 없이 회사를 다녔던 분들께서 자의든 타의든 회사를 갑자기 그만둔 이유가 무엇 때문이라 보십니까?"

"그거야 그 사람들이 큰 과오를 저질렀기 때문이 아닌가!"

강하게 고개를 몇 번 흔들더니 존은 단호하게 말한다.

"아닙니다. 제가 야비한 술수로 모함을 하고 회사를 그만둘 수밖에 없게끔 덫을 놨기 때문입니다."

존은 고개를 숙이고 그 자리에서 무릎을 꿇는다.

"그들을 찾아뵙고 사죄하고자 합니다. 이렇게 사장님께 실망을 드려서 진심으로 죄송합니다. 정말 죄송합니다."

잭은 온화한 미소를 지으며 그를 일으켜 세운다.

"솔직히 이상하다 생각했었지. 그래서 자네가 회사를 그만둔 뒤 본격적으로 그들을 찾아갔었네. 그리고 모든 사정들을 근거로 하나씩 유추시켜 보았지."

"… 알고 있으면서도 자네가 깨달음을 얻을 때까지 기다리고 있었던 것일세. 이제야 자네가 참된 깨달음을 얻게 되서 기쁘기 그지없네."

잭은 미소를 지으며 말을 이어간다.

"그리고 그 사람들을 굳이 멀리서 찾을 필요까지는 없네. 이미 내가 그 사람들을 모두 거두어 들였으니까 말야."

존은 눈을 동그랗게 뜨며,

"예?"

"내가 말한 그대로 일세. 용서를 빌고 싶다면 내일 정식으로 찾아오게나."

그의 말을 듣자마자 존은 눈물을 글썽이며 떨리는 목소리로,

"사장님. 감사합니다. 정말 감사합니다. 감사드립…. 흑…."

존은 더 이상 참지 못하고 감격에 못 이겨 눈물을 주르륵 흘린다.

"하하. 사나이가 이 정도의 일로 눈물을 보여서야 되겠는가?"

잭은 흐뭇한 표정을 지으며 흐느끼는 그의 어깨를 천천히 다독인다.

어려울수록 희망의 끈을 놓치지 마라

에피소드 V. 인물평 人物評

소피스트 1:1 정기 모임.

"안녕하십니까! 선생님. 그동안 잘 계셨습니까?"

"그래! 자네구만."

그를 보자 소크라테스는 무척 반가워하며 몸소 응접하는 수고를 아끼지 않는다.

"음. 오늘은 어떤 주제에 대해 말을 하는 것이 좋을까?"

안티스테네스는 무뚝뚝한 표정으로,

"선생님께서 생각하시는 소피스트 회원들에 대한 간략한 인물평에 대해 듣고 싶습니다."

"간략한 인물평이라. 이왕이면 재미나게 사자성어로 평을 해볼까 하는데 괜찮겠는가?"

"물론 저야 상관 없습니다. 그렇다면 먼저 아리스티포스에 대한 견해를 듣고 싶습니다."

소크라테스는 고개를 들어 잠시 생각에 잠기는가 싶더니 금세 말문을 연다.

"음. 그는 긍정적인 자세를 가지고 진리를 항상 추구하고자 하는 현인이지. 얼핏 보면 유약하고 나약한 것 같지만 부드러운 성품 속에 강함이 배겨나는 즉, 아무리 어려운 일을 당해도 뜻을 굽히지 않을 사람이라 볼 수 있으니 질풍경초疾風勁草라는 평을 내리고 싶네. 자네 생각은 어떤가?"

말할 가치도 없다는 듯 그는 무성의하게 답변한다.

"겉으로는 현인인 척하면서도 속으로는 자기 고집만 앞세우는 어리석고 미련한 작자라 볼 수 있으므로 굳이 사자성어로 따지고 들어간다면 각주구검刻舟求劍과도 같은 인물이라 생각합니다. 왜 제가 그렇게 말하는지 단적인 실례를 한번 들어볼까요? 그는 얼마 전까지만 해도 스스로 현인을 자처하며 산 속에 들어앉아 오랜 기간동안 도인 행세를 하며 소피스트 회원들에게 크나큰 반감을 산 적이 있습니다. 그뿐만이 아니라 그는 일일이 열

거할 수 없을 정도로 수많은 기행적인 행동을 일삼아 소피스트 클럽의 명예를 실추시키고 있습니다. 그런 인물을 문하생으로 추대한 것이 참으로 후회스럽습니다."

"그렇구만. 알겠네. 내 직접 주의를 주도록 하지."

그의 성품에 전혀 어울리지 않는 악평을 쏟아놓자 소크라테스는 짐짓 놀랐지만 겉으로는 내색하지 않은 채 다음 질문을 받는다.

"그래. 이번엔 누가 좋을까?"

"아이스키네스라는 인물에 대해 듣고 싶군요."

"음 아이스키네스라. 그와 만나서 대화를 하다보면 어떠한 주제도 술술 막힘이 없다는 것을 느끼게 되지. 정말 박물군자博物君子와도 같은 사람이야."

안티스테네스는 고개를 강하게 내저으며 그의 말에 정면으로 부정한다.

"겉으로 봤을 땐 많은 것을 안다고 볼 수도 있겠지만 실은 어떠한 지식도 깊게 파고든 것 없이 겉핥기식으로 배움으로써 뜻의 본질을 전혀 이해하지 못하는 박이부정博而不精과도 같은 사람입니다. 한마디로 글깨나 읽을 줄 아는 머리 큰 바보라 볼 수 있죠."

그의 억지스러운 말에 소크라테스는 어이가 없어하며,

"그렇다면 파이돈은 어떤가?"

"고량진미膏粱子弟만 먹고 귀염을 받으며 전혀 고생을 모르고 자라난 고량자제膏粱子弟와도 같은 인간이라 말할 가치조차 없습니다. 왜 그런 녀석을 문하생으로 받아주셨는지 오히려 여쭤보고 싶을 따름입니다."

소크라테스는 그의 신경 쓰이는 언사에 상관없이 무덤덤하게 이에 대해 답한다.

"자네 말처럼 부귀한 집안에서 태어나 그런지는 몰라도 성정이 상당히 거칠고 이기적인 성향이 있긴 하지만 천공해활天空海闊과도 같은 성품을 갖추고 있어 잘만 다듬는다면 아주 큰 현인이 될 사람이라 생각하네."

안티스테네스는 은근히 비꼬는 말투로,

"성격이 급하고 모난 구석이 많지만 도량이 크고 넓어 문하생으로 받아줬다 이런 말씀이시군요. 하하, 과연 소크라테스 선생님다운 생각이십니다."

소크라테스는 침착한 표정을 일관한 채 그에게 묻는다.

"그렇다면 자네는 앞으로 그를 현인으로 추대할 생각이 없다 이 말씀이신가?"

"이변이 없는 한 그런 일은 절대 없을 겁니다. 저는 그런 녀석을 사람 취급도 하기 싫으니까요."

"말이 좀 심하구만."

그는 냉소에 찬 목소리로,

"심하다 생각하지 않습니다!"

"자네가 이렇게까지 사사건건 흠을 잡는다는 것은 내게 분명 다른 이유가 있어서겠지! 그래 진정으로 내게 묻고 싶은 게 뭔가?"

한참 뜸을 들이는가 싶더니 불만 가득한 어조로 대꾸한다.

"다른 소피스트 회원들은 문하생으로 다 받아주셨지만 끝내 크세노폰만은 제자로 삼으시질 않으셨습니다. 저는 누구보다도 그를 잘 알고 있습니다. 어질고 현명할 뿐만 아니라 매우 밝은 인품까지 갖춘 광풍제월光風霽月과도 같은 사람이라는 것을요."

그는 하소연조로 계속해서 말을 이어간다.

"이 때문에 그가 얼마나 오랜 세월 동안 절치부심하는지 알고 계십니까? 저는 선생님 마음을 알다가도 모르겠습니다. 정말 너무 하십니다."

소크라테스는 눈을 지그시 감은 채 한숨 섞인 말을 내뱉는다.

"그 친구가 청렴하고 어진 성품이라는 것은 나도 물론 잘 알고 있네. 그러나, 그런 그의 성격이 교각살우矯角殺牛가 될까 염려되서 내 제자로 받아주지 않는 것일세. 다시 말하자면, 배움과 깨달음이 지나쳐서 도리어 오만함과 나태함을 불러일으킬까 심히 두렵기 때문일세. 그는 자네 말처럼 어질고 현명하기는 하지만 그에 반해 매우 강직하고 완고할 뿐만 아니라 의심까지 많네. 이런 성품은 누가 가르쳐서 바르게 깨닫게 한다는 것은 거의 불가능하다네. 타인으로부터의 깨달음은 결국 교만함을 가져와 그를 지리멸렬支離滅裂로 이끌 것이니까 말야. 그는 반드시 스스로가 깨달아야만 참된 진리를 얻을 수 있기에 그를 각별히 생각한 나머지 문하생으로 일부러 두지 않는 것일세. 자네도 내 마음을 이해해주면 고맙겠네."

"좋습니다. 그건 그렇다 치겠습니다."

안티스테네스는 이에 성이 차지 않는다는 듯 곧바로 말을 이어간다.

"선생님 처사가 더욱 납득이 되지 않는 게 또 있습니다. 정말 이건 도저히."

그가 잠시 망설이는 기색을 보이자 소크라테스는 아무렇지도 않다는 듯이 온화한 표정을 지어 보내며,

"괜찮으니 어서 말해보시게."

그는 약간 흥분된 어조로,

"어떻게 플라톤이라는 최고의 칭호를 존 마이클이라는 작자에게 부여해 주실 수 있는 겁니까? 이는 천부당만부당 하신 처사입니다. 지금 이 때문에 회원들 사이에서도 말이 많습니다. 선생

님께서도 아실 겁니다. 그는 겉으로 순종하는 척하면서 속으로는 배반의 칼을 가는 면종복배面從腹背할 상이라는 것을요. 이를 누구보다 잘 아시는 선생님께서 그런 판단을 내리시다니 솔직히 너무 실망했습니다."

말을 하면서도 분을 참지 못하겠는지 억양이 점점 높아진다.

"아무나 문하생으로 받아주실 수는 있지만 현인이 되는 것은 모든 소피스트 회원들의 만장일치 동의를 얻어야한다는 사실을 잊지는 않으셨겠지요! 만일, 그가 현인으로 뽑히지 않을 시엔 소피스트 회원 자리에서 쫓겨난다는 점도 기억해 두셔야 할 겁니다."

소크라테스는 존과 있었던 지난 일들을 천천히 회상하며 잔잔한 미소를 지은 채 말문을 연다.

"자네가 말했다시피 그는 아직 면종복배面從腹背할 상을 버리지 못하고 있네. 하지만 그런 사람일수록 더욱 열심히 완벽을 기할 때까지 힘들여 자기 자신을 완성한다면 필시 최고의 현인이 될 수 있는 자질을 갖고 있는 사람이라고 볼 수 있지. 장차 두고 보게나. 내가 왜 그를 높게 사는지 자네도 알 날이 올 걸세."

이해가 되지 않는 그의 언사에 안티스테네스는 불쾌감을 강하게 드러내 보이며 쏘아붙이듯 말한다.

"만일 그가 소피스트 클럽의 명예를 실추시키는 행위를 조금이라도 했을 경우 반드시 제 손으로 쫓아낼 것입니다. 그래도 되겠습니까?"

"알겠네. 그렇게 하시게나. 그러나 그런 일은 결코 없을 것일세. 내 사람 보는 눈은 틀린 적이 없으니까 말야."

그는 주먹을 불끈 쥔 채로 힘주어 말한다.

"글쎄요. 그건 두고 볼일이지요."

스토리상에 전개된 사자성어

질풍경초疾風勁草 어려운 일을 당해도 뜻이 흔들리지 않는 사람
각주구검刻舟求劍 어리석고 미련하여 융통성이 없음을 비유
박물군자博物君子 온갖 사물을 널리 잘 아는 사람
박이부정博而不精 많은 것을 알고 있으나 정밀하지 못함
고량자제膏粱子弟 전혀 고생을 모르는 부귀한 집안의 젊은이
천공해활天空海闊 도량이 크고 넓음을 이르는 말
광풍제월光風霽月 아무 거리낌이 없는 맑고 밝은 인품을 비유
교각살우矯角殺牛 흠을 고치려 수단이 지나쳐서 일을 그르침
지리멸렬支離滅裂 이리저리 흩어지고 찢겨 갈피를 잡을 수 없음
면종복배面從腹背 겉으로는 복종하는 체하면서 속으로는 배반함

| 에필로그 |

VI. 그노티세아우톤의 탄생 비화

어느 화창한 봄날.

촉촉한 양지에서는 새싹들이 파릇파릇 돋아나기 시작하며 생명의 탄생을 알리고, 이름 모를 산새들은 저마다 짝을 찾기 위해 분주하게 경쟁하듯 지저귄다. 이제 서로 운명의 고리처럼 뗄래야 뗄 수 없는 막역한 사이가 된 플라톤과 파이돈은 자연이 가져다주는 따스한 봄기운을 만끽하며 오솔길을 한참 동안 걷는다. 둘은 어느새 그들만의 아지트가 되어버린 멋들어지고 운치 있게 지어진 통나무 별장에 도착한다. 그리고 누가 먼저랄 것도 없이 잽싸게 안으로 들어가 자리를 잡는다.

플라톤은 장난스레 웃으며,

"오늘은 내가 졌네. 음, 실력이 많이 나아졌구만."

"당연하지. 앞으로 이 자리는 내 자리일세."

"하하, 과연 그럴까?"

파이돈은 별장 안을 새삼스럽게 둘러보며 그에게 말을 건다.

"아~, 버려진 별장도 잘 꾸미니까 꽤나 근사하구만. 이렇게 좋은 별장을 주신 소크라테스 선생님께 고맙다는 인사를 드려야 겠어. 다 좋은데 말야. 햇볕이 잘 들지가 않아. 쨍쨍한 한낮이 되기 전에는 내가 앉은 자리만 따뜻한 빛이 드니 원. 어디 추워서 살 수가 있나! 왜 이런 곳에 별장을 지으셨는지 선생님의 의중을 알다가도 모르겠단 말야. 나중에 꼭 물어봐야겠어. 그건 그렇고 자네가 회사를 차린 지 벌써 만 5년이 다 되가는구만. 이제 얼마 안 있으면 우리도 불혹의 나이일세."

잠시 생각하는가 싶더니 플라톤은 손가락으로 횟수를 짚어본다.

"음, 벌써 그렇게 되가는가!"

"하하. 그렇다네. 그러고 보니 지난 일들이 주마등처럼 스쳐 지나가는구만! 자네가 처음 나를 찾아왔을 때는 참으로 어수룩 했는데."

플라톤은 그를 바라보며 호탕하게 웃는다.

"그랬는가? 그럴 만도 하겠지."

파이돈은 은근히 떠볼 요량으로 그에게 묻는다.

"이왕 만났으니 자네에게 한 가지 배움을 얻고자 하네. 가능하겠는가?"

"그래. 그거 좋지!"

파이돈은 그에게 회심의 미소를 지어보내며,

"투자를 함에 있어 복잡하고 어렵게 분석해야만 수익을 낼 수 있다는 강박관념에 사로잡힌 일부 투자가들을 가끔 볼 수가 있는데 그 점에 대해 자네는 어떻게 생각하는지 알고 싶네."

이 말을 듣자 플라톤은 심기가 불편한 듯 인상을 찡그리며 말한다.

"아직도 그렇게 생각하는 투자가들을 우리 주위에서 은근히 많이 볼 수 있지. 그런 사람들을 볼 때면 참으로 안타까운 마음이 먼저 든다네. 만일, 어려운 투자 시스템으로 돈을 벌 수 있다면 시스템 트레이딩만으로 얼마든지 돈을 벌 수 있지 않겠는가?"

플라톤은 인상을 찡그리며,

"일부 투자가들이 이렇게 생각하게 된 건 우리 전문가들의 잘못도 있네. 나 역시 이에 대한 책임이 없지 않아 있네!"

파이돈은 이해가 되지 않는 듯 되묻는다.

"그게 무슨 말인가?"

뭔가를 잠시 곰곰이 생각하더니 플라톤은 천천히 입을 연다.

"누구나 이미 다 알고 있는 쉬운 투자 시스템만으로도 자기 식에 맞게 충분히 응용 개발만 한다면 수익을 낼 수 있는 환경이 조성되는데도 불구하고 일부 비양심적인 전문가들은 남들이 잘 알지 못하는 복잡한 미지의 투자 기술을 마치 만병통치약이라도 되는 것처럼 포장함으로써 일부 신규 투자가들에게 크나큰 망상을 심어준다는 데에 문제가 있네. 다시 한번 말하겠지만 단순한 투자 시스템이든 복잡한 투자 시스템이든 어떠한 투자 시스템도 영원히 우리에게 수익을 가져다 줄 수는 없는 법일세. 즉, 복잡한 투자 시스템이 단순한 투자시스템보다 더 뛰어나다는 생각은 아나크로니즘(시대착오)적인 발상이라 볼 수 있지. 투자 시장에서 살아남기 위해서는 시스템 자체보다는 지속적인 시행착오와 끊임없는 연구 그리고 피나는 노력이 반드시 병행되어야 한다네. 그래야만 투자라는 맹수의 아가리 속에서 쉽게 먹히지 않고 끝까지 살아남을 수 있는 법이라네."

플라톤은 가방에서 두꺼운 책자를 꺼내 그에게 보여준다.

"이건 또 뭔가?"

"실은 말야. 투자자들의 잘못된 투자 지식들을 바르게 일깨워 주고자 하는 욕심으로 책을 출간하기 위해 오랜 기간동안 원고를 집필 중에 있다네. 이제 초안이 거의 완성된 상태지. 자네를 보자고 한 것도 이 때문인 거고. 수고스럽겠지만, 자네가 내 원고에 대해 어떤지 봐주지 않겠는가?"

"물론, 괜찮다마다!"

파이돈은 흔쾌히 그렇게 말하고는 한참동안 원고 책자를 훑어보다가 그에게 조심스레 묻는다.

"원고는 마음에 드네만 제목이 왠지."

플라톤은 그의 표정을 잠시 살피다 묻는다.

"왜 그런가? 제목에 뭔가 문제라도 있는가?"

파이돈은 뭔가를 골똘히 생각하는가 싶더니 매우 진지한 표정을 지은 채 입을 연다. "나는 말일세. 소크라테스와의 대화라는 제목보다는 '그노티세아우톤'이라는 제목이 더 어울린다는 생각이 드는데."

플라톤은 의아한 듯 반문한다.

"왜 그렇게 생각하지?"

기다렸다는 듯 파이돈은 그 질문에 재차 답한다.

"자네는 여태껏 현인들에게 수많은 가르침을 받아 성공적으로 여기까지 왔을 것이네. 그런 현인들조차도 예전엔 자네처럼 수많은 고난을 겪고 마지막이라는 절박한 심정으로 소크라테스 선생님을 찾아간 경우가 대부분이지. 선생님께서 소피스트의 모든 회원들에게 처음으로 일깨워주신 가르침이 뭔지 아는가? 자네도 짐작했다시피 그노티세아우톤이라는 위대한 진리일세. 그 위대한 진리를 바르게 일깨우고자 소크라테스 선생님께서는 수많은 노력을 하셨지. 올바른 투자 가치관을 일깨우기 위해서는 반드시 자기 자신을 먼저 알아야만 하는 선행적先行的사고가 뒷받침 되어야만 한다네. 그러기 위해서는 사람들 머리 속에 일정한 단어를 강력하게 각인시켜주는 일이 매우 시급하다 볼 수 있지. 만일, '그노티세아우톤'이라는 제목으로 책을 낸다면 많은 사람들에게 올바른 투자 가치관을 심어줄 수 있는 하나의 기틀이 될 것이네."

플라톤은 진지한 표정으로 고개를 끄덕이며 말한다.

"그노티세아우톤이라. 자네 말도 일리가 있구만. 한번 곰곰이 생각해 보도록 하겠네."

| **파이돈의 의문** "아~, 버려진 별장도 잘 꾸미니까 꽤나 근사하구만. 이렇게 좋은 별장을 주신 소크라테스 선생님께 고맙다는 인사를 드려야겠어. 다 좋은데 말야. 너무 햇볕이 잘 들지가 않아. 쨍쨍한 한낮이 되기 전에는 내가 앉은 자리만 따뜻한 빛이 드니 원. 어디 추워서 살 수가 있나! 왜 이런 곳에 별장을 지으셨는지 선생님의 의중을 알다가도 모르겠단 말야. 나중에 꼭 물어봐야겠어."

| **이에 소크라테스의 답언** 어둠은 우리를 지배하고 있다. 그러나 아무리 어렵고 힘들더라도 희망의 끈을 놓치는 말아라. 어둠 속에서도 실낱같은 희망은 항상 존재하는 법이니까. 신기하게도 희망이라는 위인은 우리가 가장 어려울 때 빛을 비추려 필사적으로 노력한다! 우리가 이 점을 깨달아야만 희망의 본질을 비로소 알게 될 것이다. 매사에 희망을 가지고 성실한 마음으로 임하다보면 실낱같은 빛은 점차 커져 우리를 현명한 길로 인도하게 될 것이다. 그렇다고 방심은 하지 말라. 어둠은 우리를 지배하기 위해 수단과 방법을 가리지 않을 테니까. 우리가 어둠이라는 악마를 이길 수 있는 최선의 방법은 항상 희망을 가지고 인내하며 사는 길뿐이다. 그 길만이 당신을 구원으로 인도해 주는 유일한 길이 될 것이다.

복습하기 현인들의 투자 지침

첫 번째 현인 안티스테네스

| 일깨워 준 진리 | 우량 기업을 간단하게 찾아내는 방법
| 이에 대한 깨달음 | 우량 기업을 간단하게 알고자 한다면, 최근 5년간 이익잉여금이 증가하는 기업을 주목해라. 부채가 3년 연속 감소하는 기업을 주목해라. 매출액이 3년간 증가하는 기업을 주목해라.

위 3가지 분석만으로도 재무구조가 우량한 기업을 적절히 찾아낼 수 있으나 이는 곧, 주가 상승을 말하는 것은 결코 아니니 착오를 범하지 말기 바란다.

두 번째 현인 아리스티포스

| 일깨워 준 진리 | 시장은 항상 앞서간다.
| 이에 대한 깨달음 | 캔들에는 수많은 의미가 내포돼 있다. 캔들

은 대부분 보조지표가 생성되는 근원지며 캔들 지표만으로도 상승 에너지가 강한지, 또는 하락 에너지가 강한지 쉽게 파악이 가능할 정도로 매우 중요한 투자 지표라 볼 수는 있으나 맹신은 하지 말기 바란다. 캔들을 포함한 모든 지표는 단지 현재의 방향만을 알려주는 단순한 나침반 역할을 해줄 뿐이지 모든 변수까지 예측해 미래의 향방을 직접적으로 제시해 주지는 않기 때문이다. 반드시 이점을 확실히 깨닫고 있어야만 차트에 대한 환상에서 벗어날 수 있으며, 자신의 계좌도 보존할 수 있다.

세 번째 현인 에우클리데스

| 일깨워 준 진리 | 서로 지표를 연동시키는 현명함!

| 이에 대한 깨달음 | 외국인 지분율과 내재가치, 그리고 주가 흐름은 상호보완적인 관계에 있다. 즉, 어느 한 지표만 따로 떼서 분석하기보다는 각 지표들이 가지고 있는 장단점을 확실하게 파악해서 찾아낸 뒤 그 장점들을 점차 보완해 나가며 해당 지표만이 가지고 있는 개성적인 흐름들을 서로 연동시켜 분석해 나가야 한다. 그러다보면 자신이 어떤 식으로 투자를 해야 할지 자연스럽게 알게 될 것이다.

네 번째 현인 파이돈

| 일깨워 준 진리 | 폭등주의 조건

| 이에 대한 깨달음 | 폭등주가 되기 위한 5가지 기본적 전제 조건

1. 외국인 지분율이 낮을수록 좋다. 〈외국인 지분율이 높을수록 장기적인 성향을 띨 가능성이 높다〉
2. 한동안 소외되어 있는 주식일수록 좋다. 〈일정기간 박스권은 세력의 은근한 주식 매입 가능성을 높여준다〉
3. 유통 주식수가 비교적 적을수록 좋다. 〈적당히 적은 유통 주식수는 주가를 폭등시키는 기본적 바탕!〉
4. 일정 수준 시가총액이 낮을수록 좋다. 〈시가총액이 너무 크면 세력 물량 부담 가중 가능성 높음〉
5. 과거 폭등한 전적이 있는 주식일수록 좋다. 〈과거 재미 본 세력들이 다시 물량 매입 가능성도 무시 못함.〉

여기서 말하는 세력이란, 주가를 끌어올리는 데 중추적인 역할을 하는 존재를 뜻하며 세력 없이는 주가 폭등은 절대 오래 가지 않는다.

다섯 번째 현인 크세노폰

| 일깨워 준 진리 | 소소익선을 위한 위험 관리 방도.

| 이에 대한 깨달음 | 올바른 재테크 정신을 위한 3가지 덕목

1. 리스크 관리를 생활화하라. [투자를 할 때 손절매, 분할투자, 분산투자를 항상 생활화하는 습관을 가져라]
2. 여유자금으로만 투자하라. [생활 기반이 흔들릴 정도로 투자를 해댄다면 당신은 결코 리스크라는 맹수의 아가리 속에서 살아남지 못한다. 반드시 생활에 지장이 없는 수준에서만 자금을 확보해 투자하라]
3. 투자 자체를 즐겨라. [파멸의 전주곡은 바로 '욕심'이다. 올바른 재테크 정신을 철저히 지키면서 투자 자체를 즐겨라. 그것만이 당신 계좌의 안전을 보장받을 수 있는 유일한 길이 될 것이다]

여섯 번째 현인 아이스키네스

| 일깨워 준 진리 | 50%룰선의 신비

| 이에 대한 깨달음 | 오랜 연구 끝에 밝혀낸 50%룰선에 대한 신비를 3가지만 밝히고자 하니 유념하기 바란다.

1. 지렛대 역할의 가능성 [50%룰선을 상·하향 관통 및 돌파 여부에 따라 상승 에너지가 하락 에너지로 또는 그 반대로 변화됨으로써 유추해 볼 수 있는 지렛대 역할 가능성이 크다는 가정이다. 이는 좀더 연구를 해봐야 알겠지만 상당히 신빙성이 있다 보여진다]

2. 심리적 지지, 저항선 역할 [위의 지렛대 작용과 연동하며 지지, 저항선대를 파악하라]
3. 에너지 흐름 관계 [1, 2를 상호 보완적으로 분석하다보면, 에너지 흐름 관계를 일정 수준 유추시켜볼 수 있을 것이다]

주식시장이 절대 알려주지 않는 1%의 진실

지은이 / 전규민
펴낸이 / 김경태
펴낸곳 / 한국경제신문 한경BP
등록 / 제 2-315(1967. 5. 15)
제1판 1쇄 발행 / 2007년 11월 5일
제1판 2쇄 발행 / 2007년 12월 24일
주소 / 서울특별시 중구 중림동 441
홈페이지 / http://www.hankyungbp.com
전자우편 / bp@hankyung.com
기획출판팀 / 3604-553~6
영업마케팅팀 / 3604-561~2, 595
FAX / 3604-599

ISBN 978-89-475-2639-5
값 12,000원

파본이나 잘못된 책은 바꿔 드립니다.